한글만 알면

마법처럼 풀리는

마풀중국어

패턴 / 회화

 머리말

　마풀중국어는 훈민정음 창제 원리를 바탕으로 우리말과 중국어와의 관계를 연구하여 중국어를 한글로 배워야 하는 방법을 제시하고, 온라인 학습 중 유일하게 자가학습(문제풀이)이 가능한 브랜드이다.

　마풀 연구진은 우리말과 중국어 사이에 비슷한 발음이 많고, 일정한 발음 규칙이 있다는 사실을 기반으로 각종 옛 문헌과 사료, 실록 등을 매우 심도 있게 연구하였다. 그렇게 노력한 끝에 지금까지 우리나라 중국어 교육 프로그램에서는 볼 수 없었던 '마풀중국어'를 개발하게 되었다.

　마풀이라는 이름처럼 그야말로 '마법처럼 풀리는' 중국어 프로그램인 것이다.

　'선지자가 고향에서는 정작 대접을 못 받는다'는 말이 있다. 어릴 때부터 같이 보고 자랐던 사람이 시간이 지나 선지자가 되어 고향에 나타나니 아무도 거들떠도 안보더라는 말이다.

　현재 우리의 글자인 '훈민정음'이 이러한 처지에 놓여있다고 생각한다. 우리가 어릴 때 배워서 당연하게 사용하다 보니 정작 훈민정음의 진짜 가치와 위대성을 놓치고 있는 것이다.

　훈민정음은 지금부터 570여 년 전에 세종대왕께서 직접 창제하신 글자이다. 창제 당시 훈민정음은 자음 17자, 모음 11자로 28자에 불과한 글자지만, 세계 모든 사람의 입에서 나오는 소리를 모두 표현해 쓸 수 있는 글자였다. 그런데 오늘날 우리가 쓰는 글자는 24자이다. 4글자(ㆆ 여린 히읗, ㆁ꼭지이응 · 아래아, ㅿ 반치음)가 사라진 것이다. 사라진 4글자 외에도 ㅸ(순경음 비읍), ㆄ(순경음 피읖), ㅁㅁ (쌍리을) 등의 소중한 글자들이 일제강점기 일본 학자들에 의해 강제로 사라졌고, 아직까지도 우리 곁에 돌아오지 못하고 있다.

　이는 매우 안타까운 일이다. 마풀중국어 연구진은 훈민정음의 창제 원리 속에 숨겨진 우리말과 중국어, 나아가 세계 언어에 대한 비밀을 파헤치면서 많은 시간을 보냈다.

　연구진과 마풀중국어를 개발하는 일은 17년 동안 대한민국에서 언어 관련 교육사업을 하며 이처럼 행복한 시간이 있었나 싶을 정도로 행복했다.

　연구를 거듭할수록 마풀연구진은 일종의 사명감이 생겼다. 훈민정음의 위대한 글자들로 중국어를 가르치는 것은 단순히 중국어 교육을 쉽게 하는 것을 넘어 역사적, 학문적으로 매우 의미 있는 일이며 후손들에게 제대로 물려주어야 할 역사적인 사명이라는 것을.

　'훈민정음의 위대한 비밀'을 통해 배우는 중국어 학습의 신세계에 오신 여러분을 진심으로 환영하며, 마풀중국어 개발을 위해 애쓴 연구진과 이카이스의 임직원들, 마풀을 응원해 주신 많은 분께 깊은 감사의 말씀을 아울러 전한다.

이카이스 ㈜ 대표　**이 현 준**

CONTENTS

초급 _ 패턴 / 회화

초급 _ 패턴

초급 _ 회화

초급 _ 패턴

1강

눈처럼 희다

아주 ~하다/~처럼 ~하다 [형용사 중첩]

1강 형용사 중첩 – 아주 ~하다

 패턴에 유의하여 한자를 써 보세요.

아주 하얗다.

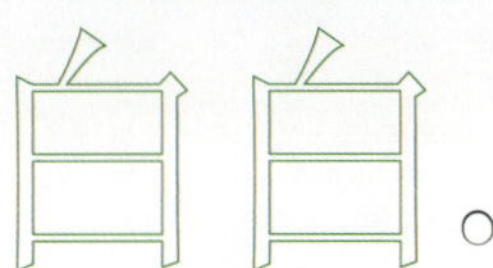

빠이빠이.

báibái.

아주 크다.

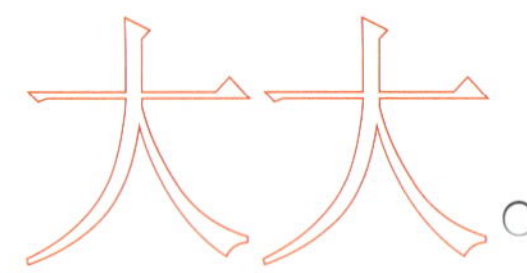

따따.

dàdà.

아주 이르다.

짜오짜오.

zǎozǎo.

 패턴에 유의하여 한자를 써 보세요.

아주 느리다.

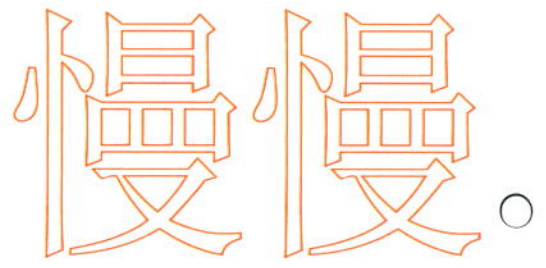

만만.

mànmàn.

아주 멀다.

위앤위앤.

yuǎnyuǎn.

아주 명백하다.

밍밍 빠이빠이.

míngmíng báibái.

아주 분명하다.

清清楚楚。

칭칭 츄츄.

qīngqīng chǔchǔ.

1강 형용사 중첩 – ～처럼 ～하다

패턴에 유의하여 한자를 써 보세요.

눈처럼 희다.

쒸에빠이 쒸에빠이.

xuěbái xuěbái.

연필처럼 곧다.

삐찌 삐찌.

bǐzhí bǐzhí.

불처럼 붉다.

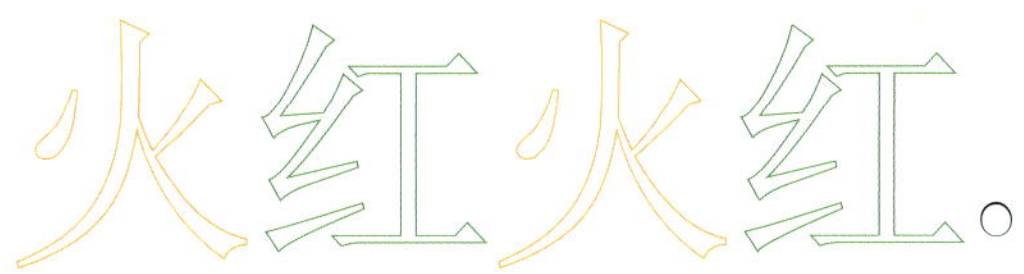

후어홍 후어홍.

huǒhóng huǒhóng.

얼음처럼 차갑다.

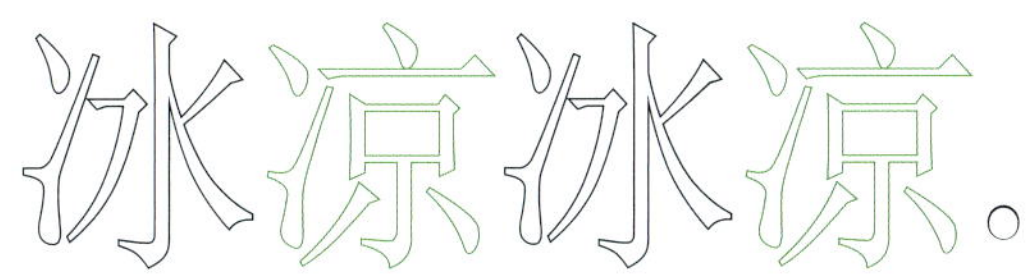

뼁리앙 뼁리앙.

bīngliáng bīngliáng.

칠흑같이 까맣다.

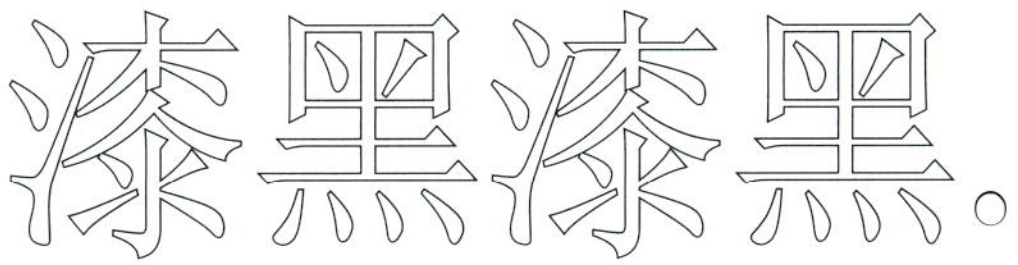

치헤이 치헤이.

qīhēi qīhēi.

漂亮
피아오리앙
piàoliàng

→ _______________________

干净
깐찡
gānjìng

→ _______________________

高兴
까오씽
gāoxìng

→ _______________________

2강

좀 기다려봐! (동사 중첩)

~해 보다 [동사 중첩]

 패턴에 유의하여 한자를 써 보세요.

좀 먹어봐.

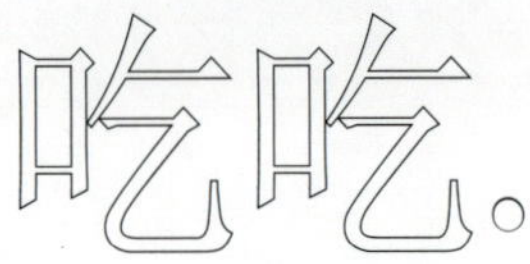

칙칙.

Chīchī.

좀 봐봐.

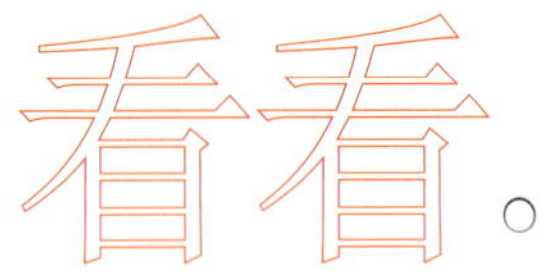

칸칸.

Kànkàn.

좀 씻어봐.

씨씨.

Xǐxǐ.

 **패턴에 유의하여 한자를 써 보세요.**

좀 가봐.

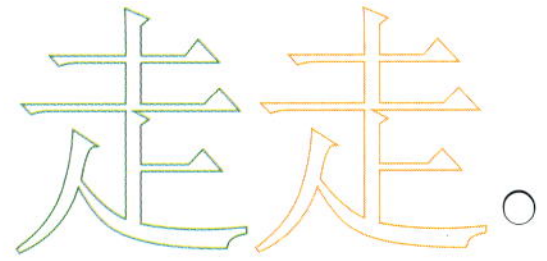

쪼우쪼우.

Zǒuzǒu.

좀 말해봐.

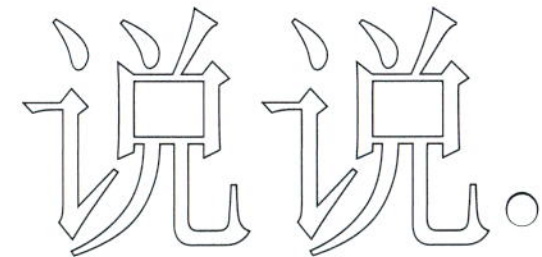

슈어슈어.

Shuōshuō.

좀 생각해봐.

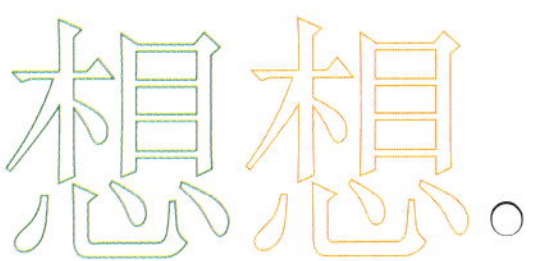

씨앙씨앙.

Xiǎngxiǎng.

좀 써봐.

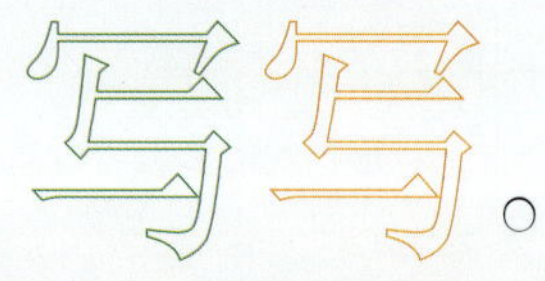

。

씨에씨에.

Xiěxiě.

좀 기다려봐.

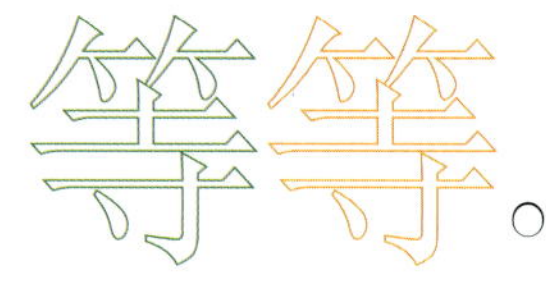

。

떵떵.

Děngděng.

좀 웃어봐

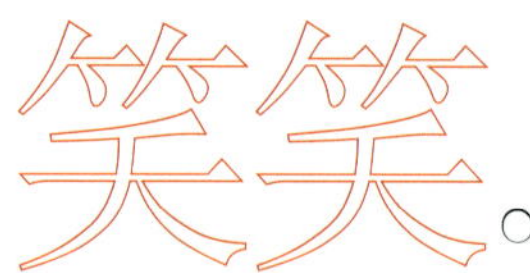

。

씨아오씨아오.

Xiàoxiào.

 패턴에 유의하여 한자를 써 보세요.

상의 좀 하자.

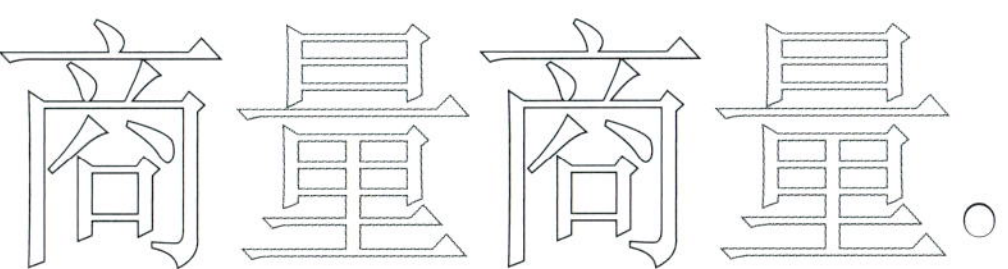

샹리앙 샹리앙.

Shāngliang shāngliang.

준비 좀 해.

쮠뻬이 쮠뻬이.

Zhǔnbèi zhǔnbèi.

좀 고려해보자

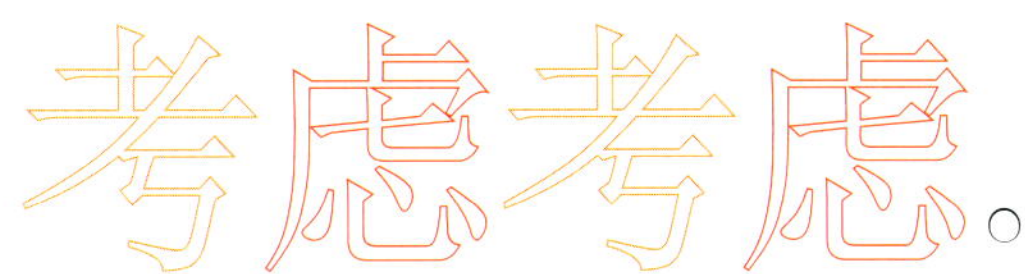

카오뤼 카오뤼.

Kǎolǜ kǎolǜ.

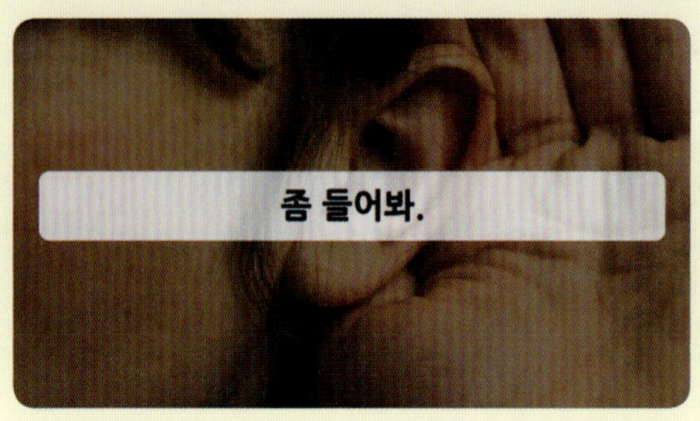

听
팅
tīng

→
____

休息
씨요우씨
xiūxi

→
____

介绍
찌에샤오
jièshào

→
____

3강

차가운 맥주가 맛있어

~하기 좋다 [好 + 동사]

 패턴에 유의하여 한자를 써 보세요.

이것은 맛있어.

这个很好吃。

쩌 꺼 헌 하오츠.

Zhè ge hěn hǎochī.

그녀의 요리는 맛있어.

她的菜很好吃。

타 떠 차이 헌 하오츠.

Tā de cài hěn hǎochī.

이 옷은 보기 좋아.

这件衣服很好看。

쩌 찌앤 이푸 헌 하오칸.

Zhè jiàn yīfu hěn hǎokàn.

 패턴에 유의하여 한자를 써 보세요.

저 꽃들은 보기 좋아.

那些花儿很好看.

나 씨에 후아ㅇ 헌 하오칸.

Nà xiē huār hěn hǎokàn.

색깔이 보기 좋아.

颜色很好看.

얜써 헌 하오칸.

Yánsè hěn hǎokàn.

모양새가 보기 좋아.

样子很好看.

양쯔 헌 하오칸.

Yàngzi hěn hǎokàn.

그의 목소리는 듣기 좋아.

他的嗓音很好听.

타 떠 쌍인 헌 하오팅.

Tā de sǎngyīn hěn hǎotīng.

빗소리가 듣기 좋아.

雨声很好听.

위셩 헌 하오팅.

Yǔshēng hěn hǎotīng.

이 차는 맛있어.

这个茶很好喝.

쪄 꺼 챠 헌 하오허.

Zhè ge chá hěn hǎohē.

 패턴에 유의하여 한자를 써 보세요.

차가운 맥주가 맛있어.

冰啤酒很好喝.

뻥피찌요우 헌 하오허.

Bīngpíjiǔ hěn hǎohē.

이것은 사용하기 좋아.

这个很好用.

쪄 꺼 헌 하오용.

Zhè ge hěn hǎoyòng.

이 가위는 사용하기 좋아.

这把剪刀很好用.

쪄 빠 찌앤따오 헌 하오용.

Zhè bǎ jiǎndāo hěn hǎoyòng.

이번 강의에서 배운 패턴과 주어진 단어를 활용하여 우리말을 중국어로 바꿔 써 보세요.

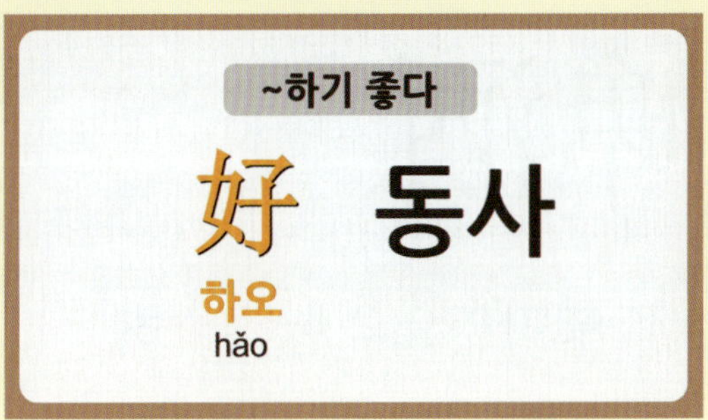

这个苹果
쩌 꺼 핑꾸어
Zhè ge píngguǒ

→ _______________

这音乐
쩌 인위에
Zhè yīnyuè

→ _______________

这枝铅笔
쩌 찍 치앤삐
Zhè zhī qiānbǐ

→ _______________

4강

왜 이렇게 비싸요?

왜 [为什么 + 술어]

为什么 + 술어

📝 패턴에 유의하여 한자를 써 보세요.

왜 웃니?

为什么笑?

웨이션머 씨아오?

Wèishénme xiào?

왜 화났니?

为什么生气?

웨이션머 셩치?

Wèishénme shēngqì?

왜 싸우니?

为什么吵架?

웨이션머 챠오찌아?

Wèishénme chǎojià?

패턴에 유의하여 한자를 써 보세요.

왜 안 오니?

为什么**不来**?

웨이션머 뿌 라이?

Wèishénme bù lái?

왜 불렀니?

为什么**叫我**?

웨이션머 찌아오 워?

Wèishénme jiào wǒ?

왜 이렇게 비싸요?

为什么**这么贵**?

웨이션머 쪄머 꾸에이?

Wèishénme zhème guì?

왜 이렇게 생각해?

为什么这么想?

웨이션머 쩌머 씨앙?

Wèishénme zhème xiǎng?

왜 말이 없니?

为什么不说话?

웨이션머 뿌 슈어후아?

Wèishénme bù shuōhuà?

왜 밥을 안 먹니?

为什么不吃饭?

웨이션머 뿌 치 판?

Wèishénme bù chī fàn?

왜 공부를 안 하니?

为什么不学习?

웨이션머 뿌 쒸에씨?

Wèishénme bù xuéxí?

왜 집에 안 가니?

为什么不回家?

웨이션머 뿌 후에이찌아?

Wèishénme bù huíjiā?

왜 안 자니?

为什么不睡觉?

웨이션머 뿌 슈에이찌아오?

Wèishénme bú shuìjiào?

이번 강의에서 배운 패턴과 주어진 단어를 활용하여 우리말을 중국어로 바꿔 써 보세요.

哭
쿠
kū

→ ___________________________

犹豫
요우위
yóuyù

→ ___________________________

这么晚
쩌머 완
zhème wǎn

→ ___________________________

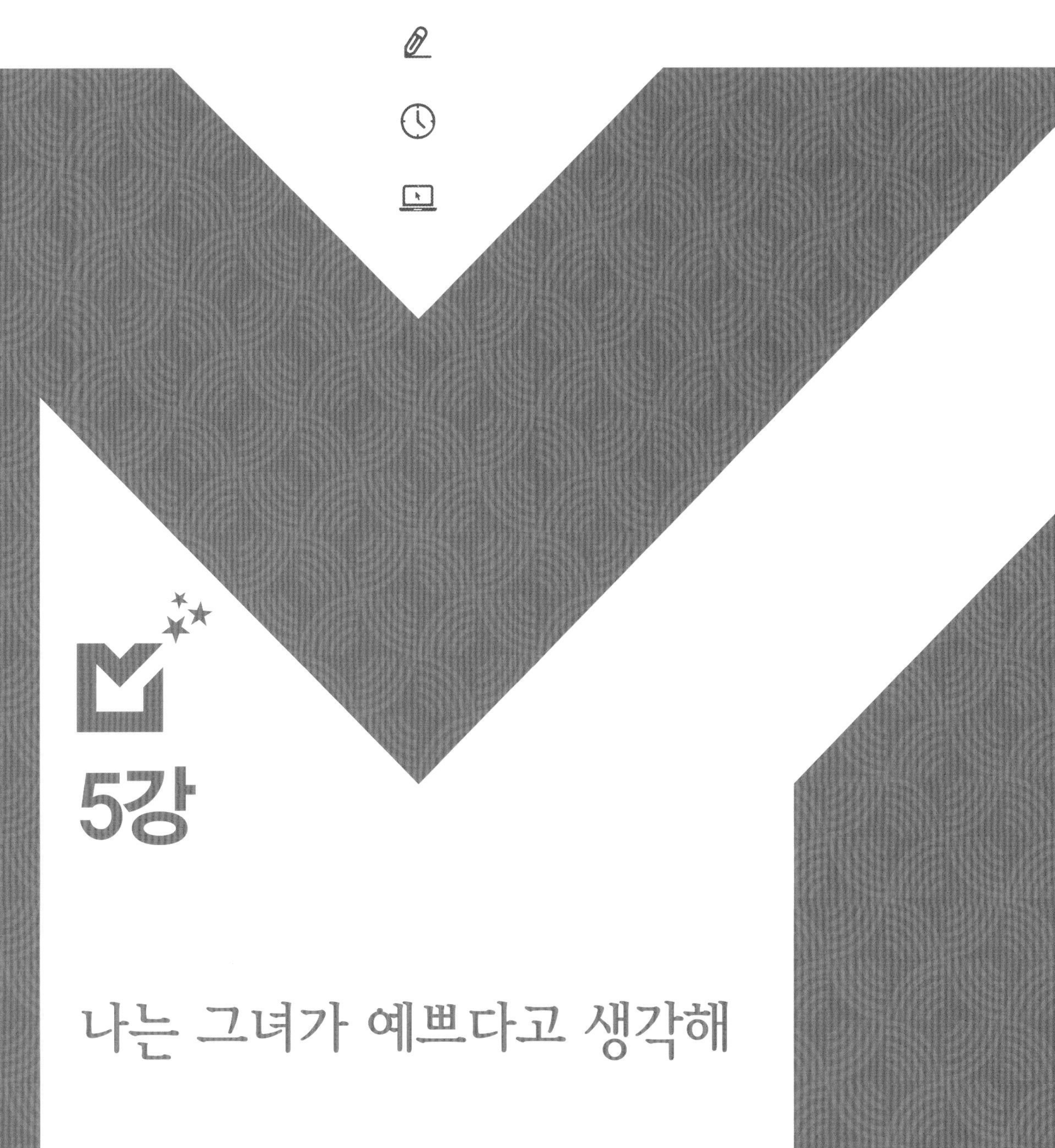

5강

나는 그녀가 예쁘다고 생각해

~라고 느껴/생각해 [觉得]

📝 패턴에 유의하여 한자를 써 보세요.

나는 중국어가 어렵다고 생각해.

我觉得汉语很难。

워 쮀에떠 한위 헌 난.

Wǒ juéde Hànyǔ hěn nán.

나는 그가 이상하다고 생각해.

我觉得他很奇怪。

워 쮀에떠 타 헌 치꾸아이.

Wǒ juéde tā hěn qíguài.

나는 그가 귀엽다고 생각해.

我觉得他很可爱。

워 쮀에떠 타 헌 커아이.

Wǒ juéde tā hěn kě'ài.

나는 그가 똑똑하다고 생각해.

我觉得他很聪明。

워 쮀에떠 타 헌 총밍.

Wǒ juéde tā hěn cōngming.

나는 그가 재미있다고 생각해.

我觉得他很有意思。

워 쮀에떠 타 헌 요우이쓰.

Wǒ juéde tā hěn yǒuyìsi.

나는 그녀가 상냥하다고 생각해.

我觉得她很温柔。

워 쮀에떠 타 헌 원로우.

Wǒ juéde tā hěn wēnróu.

나는 그녀가 예쁘다고 생각해.

我觉得她很漂亮。

워 쮜에떠 타 헌 피아오리앙.

Wǒ juéde tā hěn piàoliang.

나는 그녀가 나를 싫어한다고 생각해.

我觉得她不喜欢我。

워 쮜에떠 타 뿌 씨후안 워.

Wǒ juéde tā bù xǐhuan wǒ.

그는 이것이 너무 비싸다고 생각해.

他觉得这个太贵。

타 쮜에떠 쪄 꺼 타이 꾸에이.

Tā juéde zhè ge tài guì.

그는 이것이 부족하다고 생각해.

他觉得这个不够。

타 쮜에떠 쪄 꺼 뿌 꼬우.

Tā juéde zhè ge bú gòu.

그녀는 이것이 편하다고 생각해.

她觉得这个很方便。

타 쮜에떠 쪄 꺼 헌 팡삐앤.

Tā juéde zhè ge hěn fāngbiàn.

그녀는 이것이 위험하다고 생각해.

她觉得这个很危险。

타 쮜에떠 쪄 꺼 헌 웨이씨앤.

Tā juéde zhè ge hěn wēixiǎn.

이번 강의에서 배운 패턴과 주어진 단어를 활용하여 우리말을 중국어로 바꿔 써 보세요.

我 / 他 / 很 / 懒惰

워 / 타 / 헌 / 란뚜어

wǒ / tā / hěn / lǎnduò.

→ ______________________

我 / 她 / 是 / 胆小鬼

워 / 타 / 싀 / 딴씨아오꾸에이

wǒ / tā / shì / dǎnxiǎoguǐ

→ ______________________

他 / 这个 / 太 / 陈旧

타 / 쪄 꺼 / 타이 / 쳔찌요우

tā / zhè ge / tài / chénjiù

→ ______________________

6강

나는 네가 행복하길 바라

~를 바란다 [希望]

📝 패턴에 유의하여 한자를 써 보세요.

나는 합격하길 바라.

我希望通过。

워 씨왕 통꾸어.

Wǒ xīwàng tōngguò

나는 유학을 가길 바라.

我希望去留学。

워 씨왕 취 리요우쒸에.

Wǒ xīwàng qù liúxué.

나는 네가 행복하길 바라.

我希望你幸福。

워 씨왕 니 씽푸.

Wǒ xīwàng nǐ xìngfú.

 패턴에 유의하여 한자를 써 보세요.

나는 네가 성공하길 바라.

我希望你成功。

워 씨왕 니 청꽁.

Wǒ xīwàng nǐ chénggōng.

나는 네가 돌아오길 바라.

我希望你回来。

워 씨왕 니 후에이라이.

Wǒ xīwàng nǐ huílái.

나는 네가 날 보러 오길 바라.

我希望你来看我。

워 씨왕 니 라이 칸 워.

Wǒ xīwàng nǐ lái kàn wǒ.

나는 네가 조언을 해주길 바라.

我希望你给以指教。

워 씨왕 니 께이이 찌찌아오.

Wǒ xīwàng nǐ gěiyǐ zhǐjiào.

나는 용서받길 바라.

我希望得到宽恕。

워 씨왕 떠 따오 쿠안슈.

Wǒ xīwàng dé dào kuānshù.

나는 방학이 빨리 오길 바라.

我希望快点放假。

워 씨왕 쿠아이 띠앤 팡찌아.

Wǒ xīwàng kuài diǎn fàngjià.

 패턴에 유의하여 한자를 써 보세요.

나는 좋은 성적을 받기를 바라.

我希望获得好成绩。

워 씨왕 후어떠 하오 청찌.

Wǒ xīwàng huòdé hǎo chéngjì.

나는 내 꿈을 이루길 바라.

我希望我实现梦想。

워 씨왕 워 싀씨앤 멍씨앙.

Wǒ xīwàng wǒ shíxiàn mèngxiǎng.

나는 그녀와 영화를 보길 바라.

我希望跟她看电影。

워 씨왕 껀 타 칸 띠앤잉.

Wǒ xīwàng gēn tā kàn diànyǐng.

이번 강의에서 배운 패턴과 주어진 단어를 활용하여 우리말을 중국어로 바꿔 써 보세요.

我/去/旅行

워 / 취 / 뤼씽

wǒ / qù / lǚxíng

→ ___________

我/明年/结婚

워 / 밍니앤 / 찌에훈

wǒ / míngnián / jiéhūn

→ ___________

我/她/打电话

워 / 타 / 따 띠앤후아

wǒ / tā / dǎ diànhuà

→ ___________

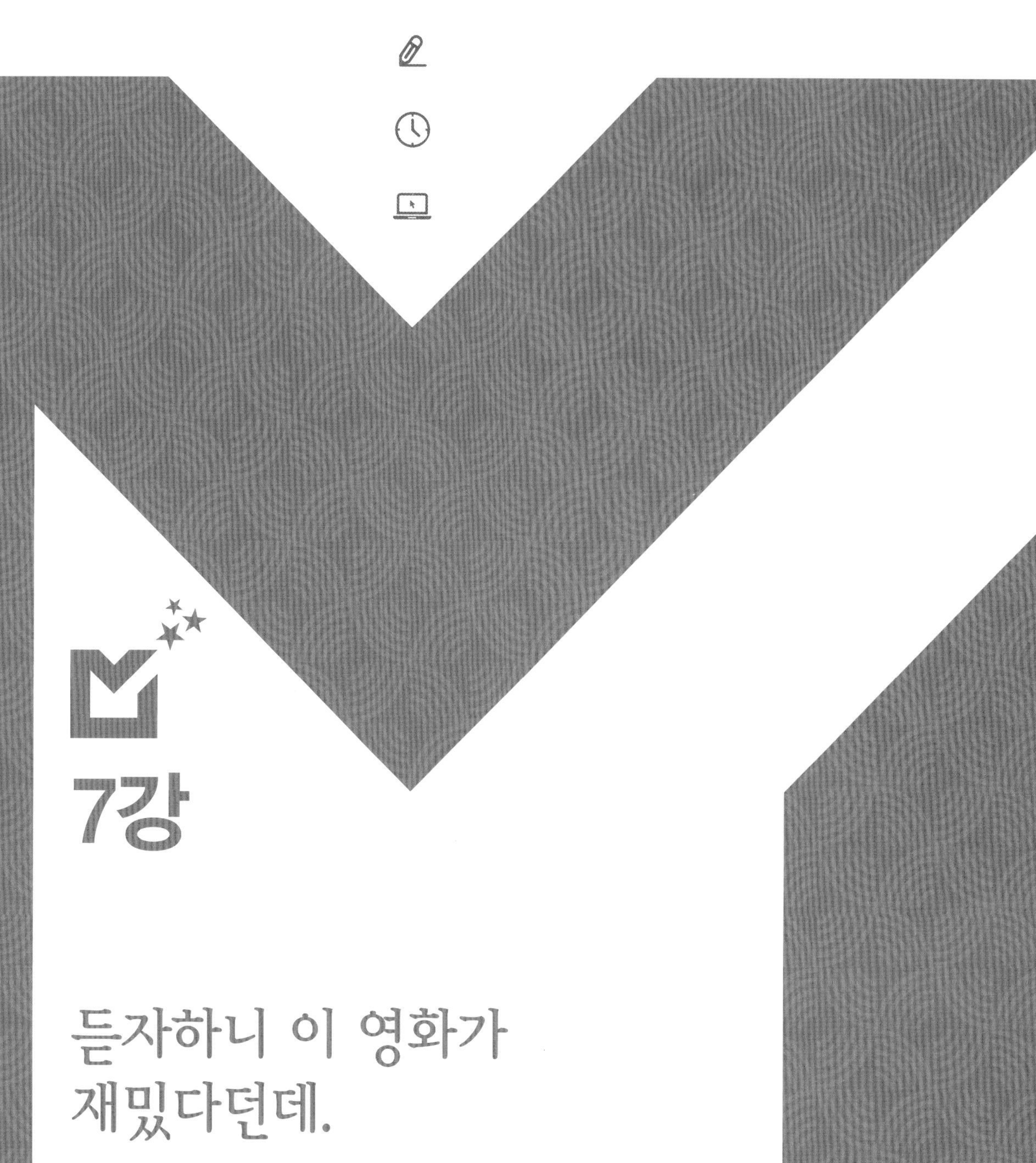

7강

듣자하니 이 영화가 재밌다던데.

듣자하니 ~한다던데 [听说]

📝 패턴에 유의하여 한자를 써 보세요.

듣자하니 내일은 춥다던데.

听说明天冷。

팅슈어 밍티앤 렁.

Tīngshuō míngtiān lěng.

듣자하니 너 그림을 잘 그린다던데.

听说你画得很好。

팅슈어 니 후아 떠 헌 하오.

Tīngshuō nǐ huà de hěn hǎo.

듣자하니 너 요리를 잘한다던데.

听说你菜做得很好。

팅슈어 니 차이 쭈어 떠 헌 하오.

Tīngshuō nǐ cài zuò de hěn hǎo.

 패턴에 유의하여 한자를 써 보세요.

듣자하니 그가 노래를 잘한다던데.

听说他唱歌唱得很好。

팅슈어 타 챵꺼 챵 떠 헌 하오.

Tīngshuō tā chànggē chàng de hěn hǎo.

듣자하니 그가 널 좋아한다던데.

听说他喜欢你。

팅슈어 타 씨후안 니.

Tīngshuō tā xǐhuan nǐ.

듣자하니 그가 내일 온다던데.

听说他明天来。

팅슈어 타 밍티앤 라이.

Tīngshuō tā míngtiān lái.

듣자하니 그는 내일 떠난다던데.

听说他明天离开。

팅슈어 타 밍티앤 리카이.

Tīngshuō tā míngtiān líkāi.

듣자하니 그녀가 남자친구 생겼다던데.

听说她有男朋友了。

팅슈어 타 요우 난펑요우 러.

Tīngshuō tā yǒu nánpéngyou le.

듣자하니 그녀가 유명한 가수라던데.

听说她是有名的歌手。

팅슈어 타 싀 요우밍 떠 꺼쇼우.

Tīngshuō tā shì yǒumíng de gēshǒu.

듣자하니 그들은 헤어졌다던데.

听说他们分手了。

팅슈어 타먼 펀쇼우 러.

Tīngshuō tāmen fēnshǒu le.

듣자하니 이 책이 유명하다던데.

听说这本书很有名。

팅슈어 쩌 뻔 슈 헌 요우밍.

Tīngshuō zhè běn shū hěn yǒumíng.

듣자하니 여기 풍경이 멋있다던데.

听说这儿的风景真美。

팅슈어 쩌으 떠 펑찡 쪈 메이.

Tīngshuō zhèr de fēngjǐng zhēn měi.

활용하기

이번 강의에서 배운 패턴과 주어진 단어를 활용하여 우리말을 중국어로 바꿔 써 보세요.

듣자 하니 ~ 하다던데

听说

팅슈어

tīngshuō

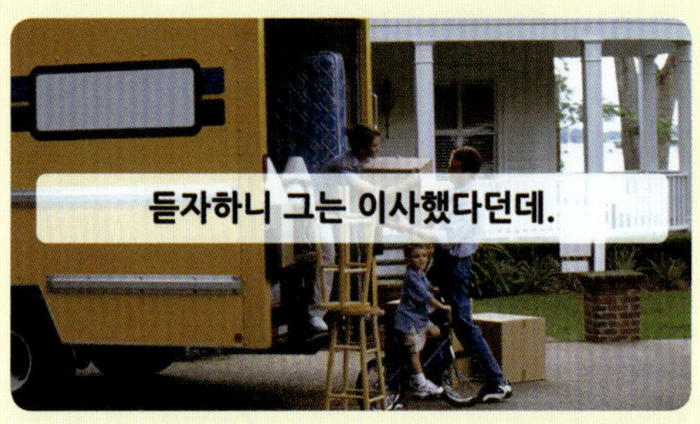

他/搬家/了

타 / 빤찌아 / 러

tā / bānjiā / le

→

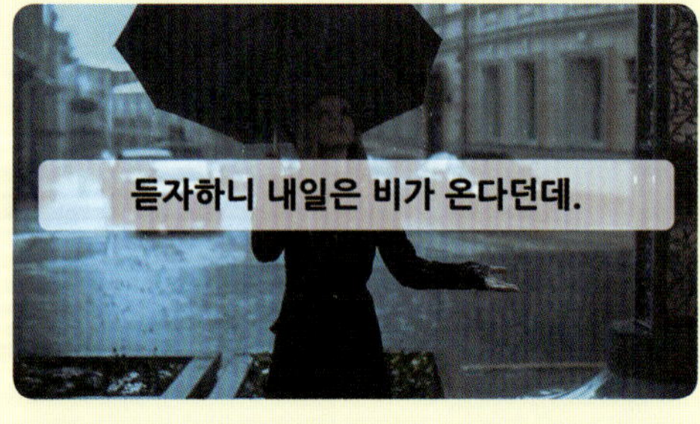

明天/下雨

밍티앤 / 씨아위

míngtiān / xiàyǔ

→

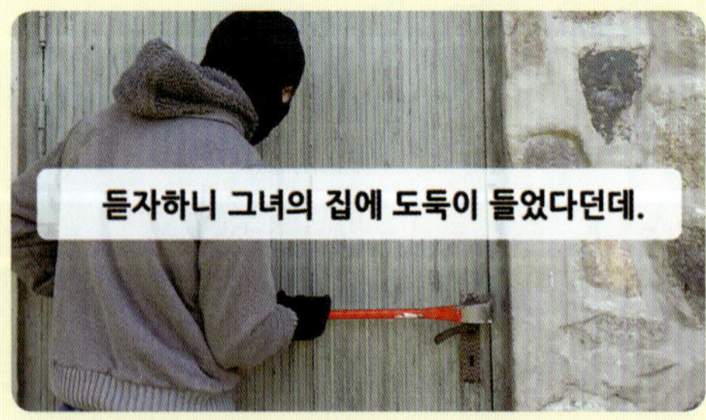

她家/里/闹贼/了

타 찌아 / 리 / 나오쩨이 / 러

tā jiā / li / nàozéi / le

→

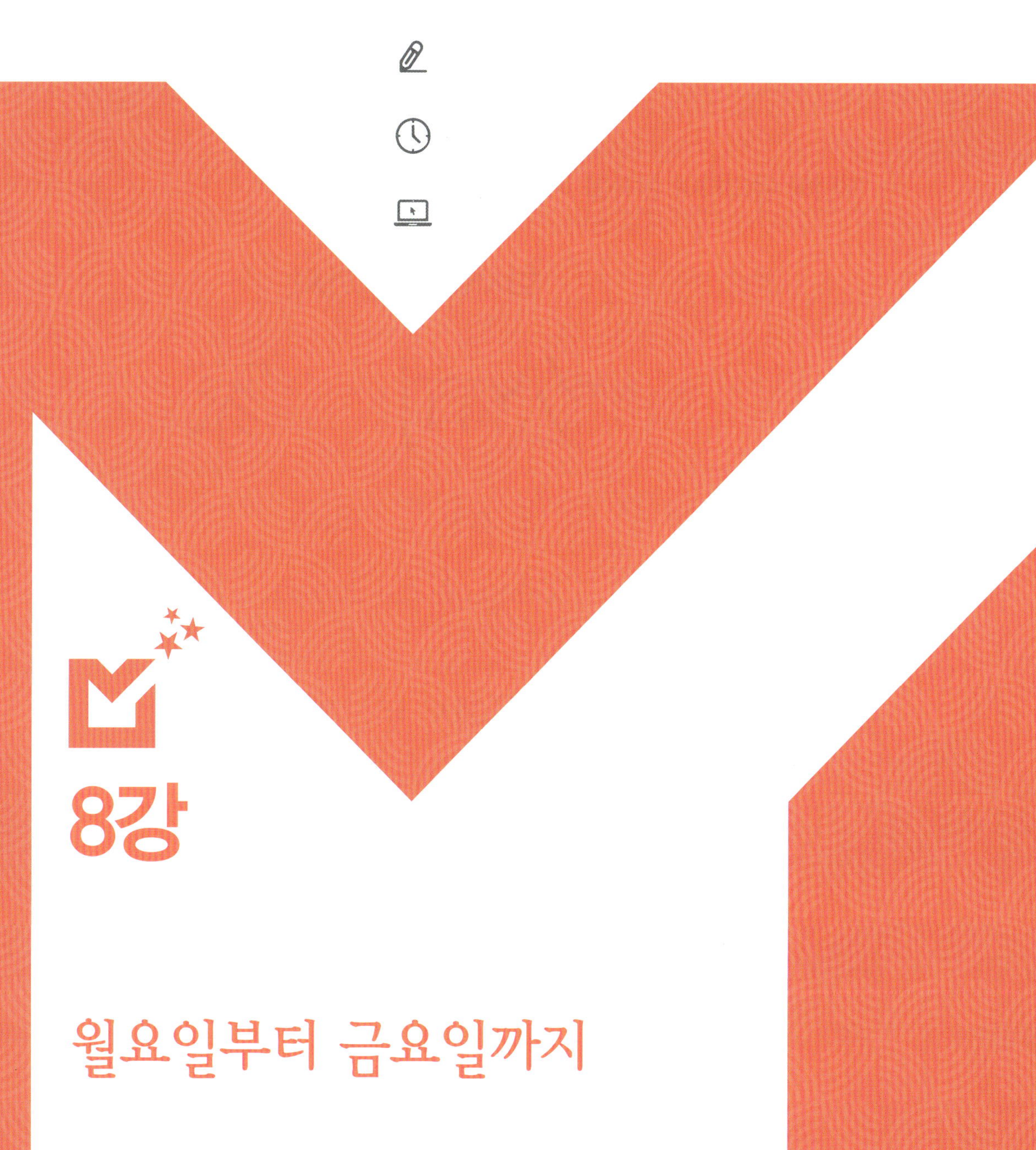

8강

월요일부터 금요일까지

A부터 B까지 [从A到B]

📝 패턴에 유의하여 한자를 써 보세요.

회사에서 집까지.

从公司到家。

총 꽁쓰 **따오** 찌아.

Cóng gōngsī dào jiā.

서울에서 부산까지.

从首尔到釜山。

총 쇼우얼 **따오** 푸샨.

Cóng Shǒu'ěr dào Fǔshān.

정류장에서 학교까지.

从车站到学校。

총 쳐짠 **따오** 쒸에씨아오.

Cóng chēzhàn dào xuéxiào.

 패턴에 유의하여 한자를 써 보세요.

기숙사에서 강의동까지.

从宿舍到教学楼。

총 쑤셔 따오 찌아오쒸에로우.

Cóng sùshè dào jiàoxuélóu.

기차역에서 병원까지.

从火车站到医院。

총 후어쳐쨘 따오 이위앤.

Cóng huǒchēzhàn dào yīyuàn.

여기에서 거기까지.

从这里到那里。

총 쩌리 따오 나리.

Cóng zhèli dào nàli.

세 살부터 여섯 살까지.

从三岁到六岁。

총 싼 쑤에이 따오 리요우 쑤에이.

Cóng sān suì dào liù suì.

10일부터 30일까지.

从十日到三十日。

총 싀 르 따오 싼 싀 르.

Cóng shí rì dào sānshí rì.

월요일부터 금요일까지.

从星期一到星期五。

총 씽치이 따오 씽치우.

Cóng xīngqīyī dào xīngqīwǔ.

 패턴에 유의하여 한자를 써 보세요.

2월에서 4월까지.

从二月到四月。

Cóng èr yuè dào sì yuè.

작년부터 올해까지.

从去年到今年。

Cóng qùnián dào jīnnián.

여름부터 겨울까지.

从夏天到冬天。

Cóng xiàtiān dào dōngtiān.

이번 강의에서 배운 패턴과 주어진 단어를 활용하여 우리말을 중국어로 바꿔 써 보세요.

图书馆/家

투슈꾸안 / 찌아

túshūguǎn / jiā

→ ___________________

春天/秋天

춘티앤 / 치요우티앤

chūntiān / qiūtiān

→ ___________________

早上/九点/晚上/六点

짜오샹 / 찌요우 띠앤 / 완샹 / 리요우 띠앤

zǎoshang / jiǔ diǎn / wǎnshang / liù diǎn

→ ___________________

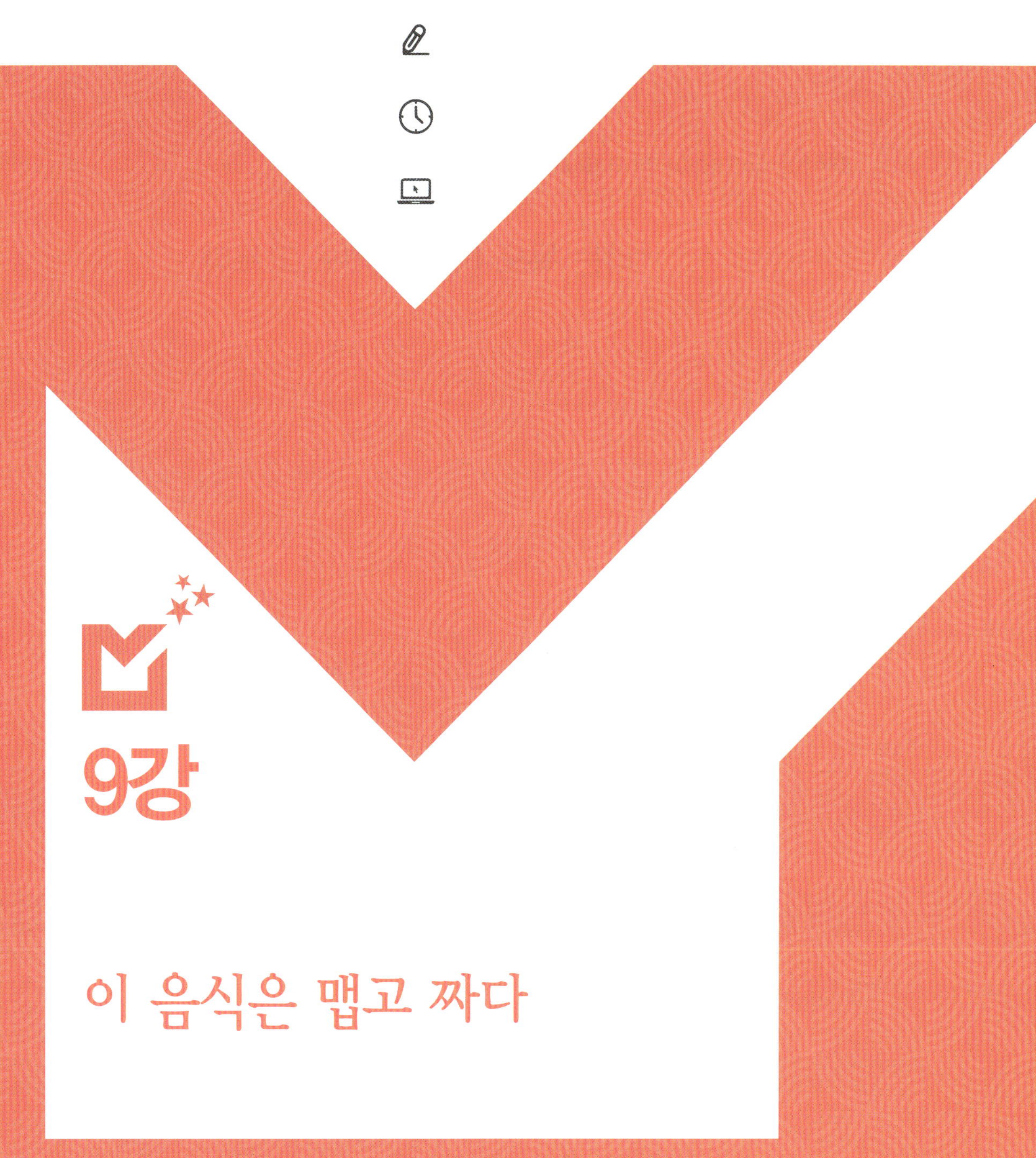

9강

이 음식은 맵고 짜다

A하기도 하고 B하기도 하다 [又A又B]

📝 패턴에 유의하여 한자를 써 보세요.

나는 목도 마르고 배도 고프다.

我又渴又饿。

워 요우 커 요우 어.

Wǒ yòu kě yòu è.

그는 키도 크고 잘생겼다.

他又高又帅。

타 요우 까오 요우 슈아이.

Tā yòu gāo yòu shuài.

그녀는 예쁘고 귀엽다.

她又漂亮又可爱。

타 요우 피아오리앙 요우 커아이.

Tā yòu piàoliang yòu kě'ài.

이 음식은 맵고 짜다.

这菜又辣又咸。

쩌 차이 요우 라 요우 씨앤.

Zhè cài yòu là yòu xián.

이 사탕은 맛있고 싸다.

这糖又好吃又便宜。

쩌 탕 요우 하오츠 요우 피앤이.

Zhè táng yòu hǎochī yòu piányi.

이 교실은 더럽고 지저분하다.

这教室又脏又乱。

쩌 찌아오싀 요우 짱 요우 루안.

Zhè jiàoshì yòu zāng yòu luàn.

저 집은 넓고 깨끗하다.

那房子又宽敞又干净。

나 팡쯔 요우 쿠안챵 요우 깐찡.

Nà fángzi yòu kuānchang yòu gānjìng.

저 영화는 슬프고 감동적이다.

那电影又悲伤又动人。

나 띠앤잉 요우 뻬이샹 요우 똥런.

Nà diànyǐng yòu bēishāng yòu dòngrén.

저 남자는 낭만적이고 마음이 따뜻하다.

那男子又浪漫又热心。

나 난쯔 요우 랑만 요우 러씬.

Nà nánzǐ yòu làngmàn yòu rèxīn.

저 남자는 믿음직스럽고 성실하다.

那男子又可靠又诚实。

나 난쯔 요우 커카오 요우 쳥싀.

Nà nánzǐ yòu kěkào yòu chéngshí.

저 여자는 세심하고 사려 깊다.

那女子又细心又稳重。

나 뉘쯔 요우 씨씬 요우 원쫑.

Nà nǚzǐ yòu xìxīn yòu wěnzhòng.

오늘은 덥고 습하다.

今天又热又潮湿。

찐티앤 요우 러 요우 챠오싀.

Jīntiān yòu rè yòu cháoshī.

이번 강의에서 배운 패턴과 주어진 단어를 활용하여 우리말을 중국어로 바꿔 써 보세요.

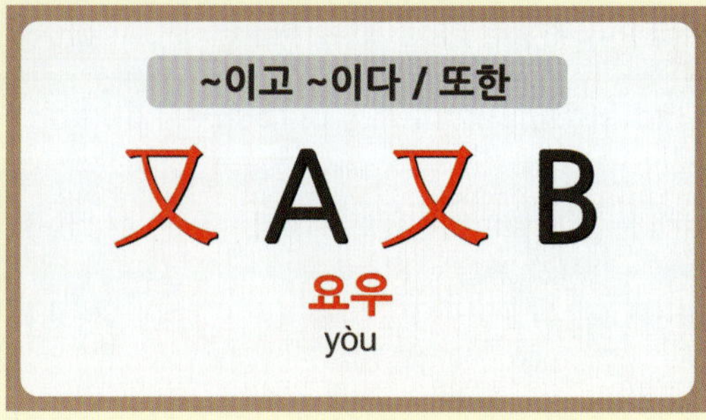

我 / 惊 / 喜

워 / 찡 / 씨

Wǒ / jīng / xǐ

→ ________________

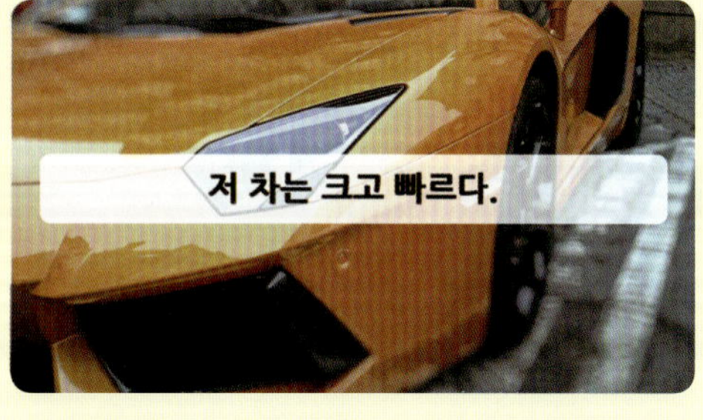

那 / 车 / 大 / 快

나 / 쳐 / 따 / 쿠아이

nà / chē / dà / kuài

→ ________________

这个 / 面包 / 软 / 甜

쪄 꺼 / 미앤빠오 / 루안 / 티앤

zhè ge / miànbāo / ruǎn / tián

→ ________________

10강

볼수록 매력 있다.

A할수록 B하다 [越A越B]

점점 ～하다 [越来越～]

📝 패턴에 유의하여 한자를 써 보세요.

볼수록 예쁘다.

越看越漂亮。

위에 칸 위에 피아오리앙.

Yuè kàn yuè piàoliang.

볼수록 매력 있다.

越看越有魅力。

위에 칸 위에 요우 메이리.

Yuè kàn yuè yǒu mèilì.

볼수록 재미있다.

越看越有意思。

위에 칸 위에 요우이쓰.

Yuè kàn yuè yǒuyìsi.

들을수록 좋다.

越听越好。

위에 팅 위에 하오.

Yuè tīng yuè hǎo.

들을수록 이상하다.

越听越不对劲。

위에 팅 위에 뿌 뚜에이찐.

Yuè tīng yuè bú duìjìn.

말할수록 서럽다.

越说越伤心。

위에 슈어 위에 샹씬.

Yuè shuō yuè shāngxīn.

말할수록 이해가 안 된다.

越说越不明白。

위에 슈어 위에 뿌 밍빠이.

Yuè shuō yuè bù míngbai.

생각할수록 답답하다.

越想越烦闷。

위에 씨앙 위에 판먼.

Yuè xiǎng yuè fánmèn.

생각할수록 화가 난다.

越想越生气。

위에 씨앙 위에 셩치.

Yuè xiǎng yuè shēngqì.

10강 越来越

📝 패턴에 유의하여 한자를 써 보세요.

점점 더워진다.

越来越热。

위에 라이 위에 러.

Yuè lái yuè rè.

점점 가까워진다.

越来越近。

위에 라이 위에 찐.

Yuè lái yuè jìn.

점점 멀어진다.

越来越远。

위에 라이 위에 위앤.

Yuè lái yuè yuǎn.

이번 강의에서 배운 패턴과 주어진 단어를 활용하여 우리말을 중국어로 바꿔 써 보세요.

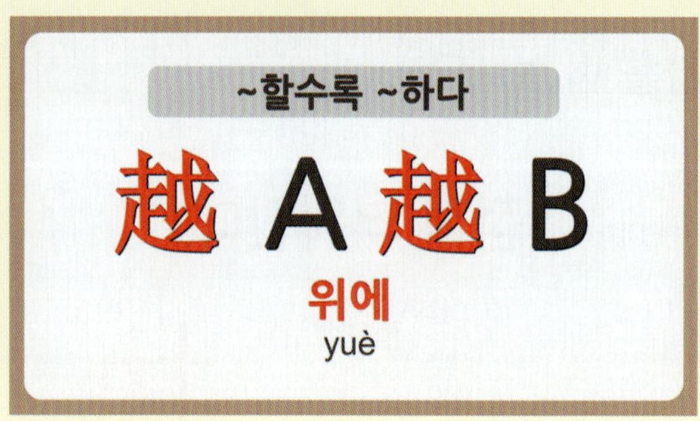

想 / 闹心

씨앙 / 나오씬

xiǎng / nàoxīn

→ ____________________

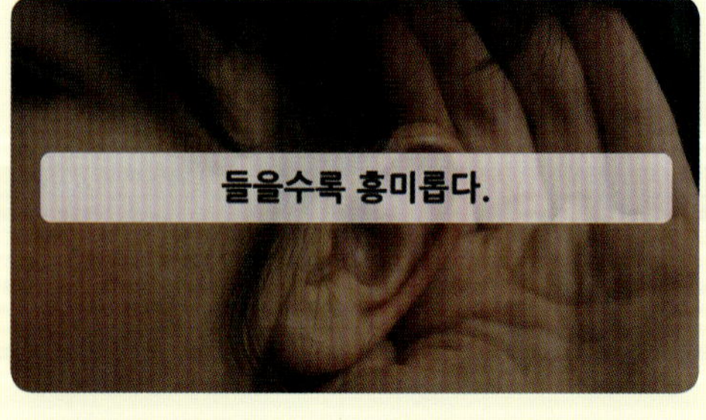

听 / 有兴趣

팅 / 요우 씽취

tīng / yǒu xìngqù

→ ____________________

冷

렁

lěng

→ ____________________

11강

영화 볼까 아니면 밥 먹을까?

~아니면~ [还是]

还是

📝 패턴에 유의하여 한자를 써 보세요.

홍차 아니면 커피?

红茶还是咖啡?

홍챠 하이싀 카페이?

Hóngchá háishi kāfēi?

찬 것 아니면 뜨거운 것?

冰的还是热的?

삥 떠 하이싀 러 떠?

Bīng de háishi rè de?

큰 것 아니면 작은 것?

大的还是小的?

따 떠 하이싀 씨아오 떠?

Dà de háishi xiǎo de?

닭고기 아니면 소고기?

鸡肉还是牛肉?

찌로우 하이싀 니요우로우?

Jīròu háishi niúròu?

중식 아니면 한식?

中餐还是韩餐?

쫑찬 하이싀 한찬?

Zhōngcān háishi Háncān?

갈까 아니면 말까?

去还是不去?

취 하이싀 뿌 취?

Qù háishi bú qù?

걸어갈까 아니면 차 타고 갈까?

走着去还是开车去?

쪼우 쩌 취 하이스 카이쳐 취?

Zǒu zhe qù háishi kāichē qù?

오늘 갈까 아니면 내일 갈까?

今天去还是明天去?

찐티앤 취 하이스 밍티앤 취?

Jīntiān qù háishi míngtiān qù?

찬성하니 아니면 반대하니?

同意还是不同意?

통이 하이스 뿌 통이?

Tóngyì háishi bù tóngyì?

 패턴에 유의하여 한자를 써 보세요.

영화 볼까 아니면 밥 먹을까?

看电影还是吃饭?

칸 띠앤잉 하이스 츼판?

Kàn diànyǐng háishi chī fàn?

여기서 드시겠습니까 아니면 포장하시겠습니까?

在这儿吃还是打包?

짜이 쪄으칙 하이스 따빠오?

Zài zhèr chī háishi dǎbāo?

계산을 같이 할까 아니면 따로 할까?

一起算还是分开算?

이치 쑤안 하이스 펀카이 쑤안?

Yìqǐ suàn háishi fēnkāi suàn?

이번 강의에서 배운 패턴과 주어진 단어를 활용하여 우리말을 중국어로 바꿔 써 보세요.

现金/刷卡

씨앤찐 / 슈아카

xiànjīn / shuākǎ

→ _______________

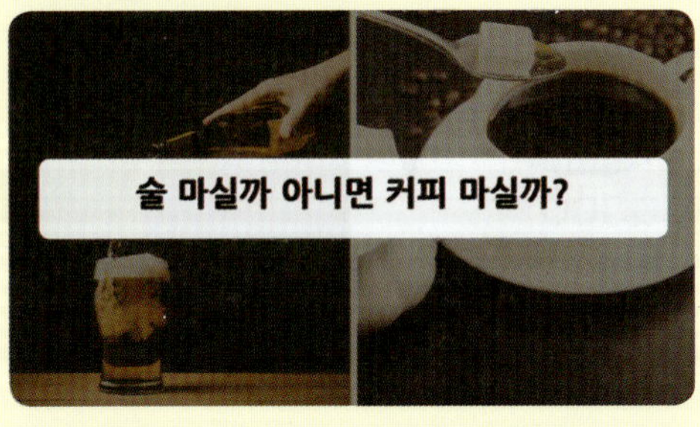

喝/酒/喝/咖啡

허 / 찌요우 / 허 / 카페이

hē / jiǔ / hē / kāfēi

→ _______________

走/楼梯/坐/电梯

쪼우 / 로우티 / 쭈어 / 띠앤티

zǒu / lóutī / zuò / diàntī

→ _______________

12강

먼저 중국어를 배우고,
그 후에 중국에 가자

먼저 A하고, 그 후에 B하다 [先~然后]

📝 패턴에 유의하여 한자를 써 보세요.

먼저 조사하고, 그 후에 회의하자.

先调查，然后开会。

씨앤 띠아오챠, 란호우 카이후에이.

Xiān diàochá, ránhòu kāihuì.

먼저 보고, 그 후에 주문하겠습니다.

先看，然后订购。

씨앤 칸, 란호우 띵꼬우.

Xiān kàn, ránhòu dìnggòu.

먼저 이 닦고, 그 후에 나가자.

先刷牙，然后出去。

씨앤 슈아야, 란호우 츄취.

Xiān shuāyá, ránhòu chūqu.

먼저 알아보고, 그 후에 신청하자.

先打听，然后报名。

씨앤 따팅, 란호우 빠오밍.

Xiān dǎting, ránhòu bàomíng.

먼저 사용해보고, 그 후에 말해줄게.

先使用，然后说话。

씨앤 식용, 란호우 슈어후아.

Xiān shǐyòng, ránhòu shuōhuà.

먼저 확인하고, 그 후에 전화 드리겠습니다.

先确认，然后联系。

씨앤 취에런, 란호우 리앤씨.

Xiān quèrèn, ránhòu liánxì.

먼저 영화보고, 그 후에 밥 먹자.

先看电影，然后吃饭。

씨앤 칸 띠앤잉, 란호우 츼 판.

Xiān kàn diànyǐng, ránhòu chī fàn.

먼저 책을 읽고, 그 후에 숙제하자.

先读书，然后做作业。

씨앤 뚜슈, 란호우 쭈어 쭈어예.

Xiān dúshū, ránhòu zuò zuòyè.

먼저 학교에 갔다가, 그 후에 집에 가자.

先去学校，然后回家。

씨앤 취 쒸에씨아오, 란호우 후에이찌아.

Xiān qù xuéxiào, ránhòu huíjiā.

먼저 홍콩에 갔다가, 그 후에 상하이에 가자.

先去香港, 然后去上海。

Xiān qù Xiānggǎng, ránhòu qù Shànghǎi.

먼저 수업 듣고, 그 후에 도서관에 가자.

先上课, 然后去图书馆。

Xiān shàngkè, ránhòu qù túshūguǎn.

먼저 중국어를 배우고, 그 후에 중국에 가자.

先学中文, 然后去中国。

Xiān xué Zhōngwén, ránhòu qù Zhōngguó.

이번 강의에서 배운 패턴과 주어진 단어를 활용하여 우리말을 중국어로 바꿔 써 보세요.

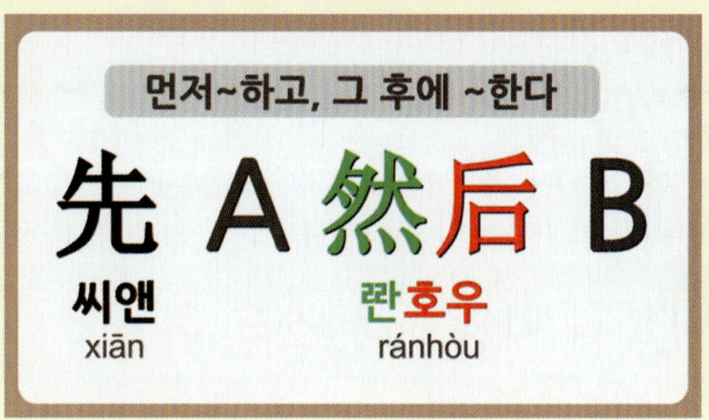

复印 / 递送

푸인 / 띠쏭

fùyìn / dìsòng

→ _______________________

减肥 / 去 / 旅行

찌앤페이 / 취 / 뤼씽

jiǎnféi / qù / lǚxíng

→ _______________________

打扫 / 去 / 散步

따싸오 / 취 / 싼뿌

dǎsǎo / qù / sànbù

→ _______________________

13강

만약에 갈 수 있다면, 나에게 말해줘

만약 ~한다면 [如果~(的话)]

📝 패턴에 유의하여 한자를 써 보세요.

만약 내가 너라면, 집에 가지 않을 거야.

如果我是你的话, 不回家。

루꾸어 워 싀 니 떠 후아, 뿌 후에이찌아.

Rúguǒ wǒ shì nǐ de huà, bù huíjiā.

만약 내가 학생이라면, 열심히 공부할거야.

如果我是学生的话, 要努力学习。

루꾸어 워 싀 쒸에성 떠 후아, 야오 누리 쒸에씨.

Rúguǒ wǒ shì xuésheng de huà, yào nǔlì xuéxí.

만약 네가 화가 났다면, 그에게 말해.

如果你生气的话, 告诉他。

루꾸어 니 성치 떠 후아, 까오쑤 타.

Rúguǒ nǐ shēngqì de huà, gàosu tā.

만약에 갈 수 있다면, 나에게 말해줘.

如果能去的话, 告诉我。

루꾸어 넝 취 떠 후아, 까오쑤 워.

Rúguǒ néng qù de huà, gàosu wǒ.

만약에 좋으면, 나에게 말해줘.

如果可以的话, 告诉我。

루꾸어 커이 떠 후아, 까오쑤 워.

Rúguǒ kěyǐ de huà, gàosu wǒ.

만약에 가까우면, 네가 와줘.

如果近的话, 你过来吧。

루꾸어 찐 떠 후아, 니 꾸어라이 빠.

Rúguǒ jìn de huà, nǐ guòlai ba.

만약 바쁘시다면, 내일 만나요.

如果你忙的话，明天见吧。

루꾸어 니 망 떠 후아, 밍티앤 찌앤 빠.

Rúguǒ nǐ máng de huà, míngtiān jiàn ba.

만약 가능하다면, 나를 도와줘.

如果可以的话，你帮帮我。

루꾸어 커이 떠 후아, 니 빵빵 워.

Rúguǒ kěyǐ de huà, nǐ bāngbāng wǒ.

만약에 마음에 들지 않는다면, 나에게 주세요.

如果你不可心的话，给我吧。

루꾸어 니 뿌 커씬 떠 후아, 께이 워 빠.

Rúguǒ nǐ bù kěxīn de huà, gěi wǒ ba.

만약 네가 일이 있다면, 나에게 전화해.

如果你有事的话, 给我打电话。

루꾸어 니 요우 시 떠 후아, 께이 워 따 띠앤후아.

Rúguǒ nǐ yǒu shì de huà, gěi wǒ dǎ diànhuà.

만약에 고장이 나면, 전화주세요.

如果出故障的话, 联系吧。

루꾸어 츄 꾸짱 떠 후아, 리앤씨 빠.

Rúguǒ chū gùzhàng de huà, liánxì ba.

만약 사랑에 빠지면, 아주 행복할 텐데.

如果爱上的话, 会很幸福。

루꾸어 아이 샹 떠 후아, 후에이 헌 씽푸.

Rúguǒ ài shàng de huà, huì hěn xìngfú.

이번 강의에서 배운 패턴과 주어진 단어를 활용하여 우리말을 중국어로 바꿔 써 보세요.

我 / 有 / 钱 / 可以 / 买

워 / 요우 / 치앤 / 커이 / 마이

wǒ / yǒu / qián / kěyǐ / mǎi

→ _______________________

不 / 可以 / 再 / 商量 / 一下

뿌 / 커이 / 짜이 / 샹리앙 / 이씨아

bù / kěyǐ / zài / shāngliang / yíxià

→ _______________________

今天 / 下雪 / 不 / 能 / 见面

찐티앤 / 씨아쒸에 / 뿌 / 넝 / 찌앤미앤

jīntiān / xiàxuě / bù / néng / jiànmiàn

→ _______________________

비록 A지만 그러나 B하다 [虽然A, 但是B]

📝 패턴에 유의하여 한자를 써 보세요.

비록 바람이 불지만 춥지는 않다.

虽然刮风, 但是不冷。

쓰에이란 꾸아펑, 딴스 뿌 렁.

Suīrán guāfēng, dànshì bù lěng.

비록 그녀는 나이가 들었지만, 여전히 건강하다.

虽然她老了, 但是还健康。

쓰에이란 타 라오 러, 딴스 하이 찌앤캉.

Suīrán tā lǎo le, dànshì hái jiànkāng.

비록 그는 잘생기진 않았지만 귀엽다.

虽然他不帅, 但是可爱。

쓰에이란 타 뿌 슈아이, 딴스 커아이.

Suīrán tā bú shuài, dànshì kě'ài.

비록 우리가 만난 적은 있지만, 잘 알지는 못한다.

虽然我们见过, 但是不熟。

쑤에이란 워먼 찌앤 꾸어, 딴스 뿌 슈.

Suīrán wǒmen jiàn guo, dànshì bù shú.

비록 나는 느리지만 꼼꼼하다.

虽然我迟缓, 但是细致。

쑤에이란 워 츠후안, 딴스 씨찌.

Suīrán wǒ chíhuǎn , dànshì xìzhì.

비록 나는 화가 났지만 참았다.

虽然我生气, 但是忍气了。

쑤에이란 워 셩치, 딴스 런치 러.

Suīrán wǒ shēngqì, dànshì rěnqì le.

비록 모양은 다르지만 값은 같다.

虽然样子不同，
但是价钱一样。

쓰에이란 양쯔 뿌 퉁, 딴싀 찌아치앤 이양.

Suīrán yàngzi bù tóng, dànshì jiàqián yíyàng.

비록 그는 똑똑하지는 않지만 열심히 공부한다.

虽然他不聪明，
但是用功。

쓰에이란 타 뿌 총밍, 딴싀 용꽁.

Suīrán tā bù cōngming, dànshì yònggōng.

비록 가난하지만, 행복합니다.

虽然穷，但是很幸福。

쓰에이란 치옹, 딴싀 헌 씽푸.

Suīrán qióng, dànshì hěn xìngfú.

비록 그는 졌지만, 행복합니다.

虽然他失败了,
但是很幸福。

쑤에이란 타 싀빠이 러, 딴싀 헌 씽푸.

Suīrán tā shībài le, dànshì hěn xìngfú.

비록 그는 어려움이 있었지만 포기하지 않았습니다.

虽然他有困难,
但是没放弃。

쑤에이란 타 요우 쿤난, 딴싀 메이 팡치.

Suīrán tā yǒu kùnnan, dànshì méi fàngqì.

이번 강의에서 배운 패턴과 주어진 단어를 활용하여 우리말을 중국어로 바꿔 써 보세요.

她/忙/休息

타 / 망 / 씨요우씨

tā / máng / xiūxi

→
____

她/很/累/运动/了

타 / 헌 / 레이 / 윈뚱 / 러

tā / hěn / lèi / yùndòng / le

→
____

他/现在/没有/钱/明天/要/买

타 / 씨앤짜이 / 메이요우 /
치앤 / 밍티앤 / 야오 / 마이

tā / xiànzài / méiyǒu / qián / míngtiān / yào / mǎi

→
____

15강

차가 막혀서 늦었다.

A하기 때문에, 그래서 B하다 [因为A, 所以B]

📝 패턴에 유의하여 한자를 써 보세요.

더워서 잠을 못 잤다.

因为热, 所以睡不着。

인웨이 러, 쑤어이 슈에이 뿌 쨔오.

Yīnwèi rè, suǒyǐ shuì bu zháo.

시원해서 좋다.

因为凉爽, 所以很好。

인웨이 리앙슈앙, 쑤어이 헌 하오.

Yīnwèi liángshuǎng, suǒyǐ hěn hǎo.

배고파서 밥을 먹었다.

因为饿, 所以吃饭了。

인웨이 어, 쑤어이 칙 판 러.

Yīnwèi è, suǒyǐ chī fàn le.

 패턴에 유의하여 한자를 써 보세요.

피곤해서 집에 갔다.

因为很累, 所以回家了。

인웨이 헌 레이, 쑤어이 후에이찌아 러.

Yīnwèi hěn lèi, suǒyǐ huíjiā le.

무서워서 전화했다.

因为可怕, 所以打电话了。

인웨이 커파, 쑤어이 따 띠앤후아 러.

Yīnwèi kěpà, suǒyǐ dǎ diànhuà le.

바빠서 시간이 없다.

因为忙, 所以没有时间。

인웨이 망, 쑤어이 메이요우 싀찌앤.

Yīnwèi máng, suǒyǐ méiyǒu shíjiān.

몸이 안 좋아서 안 갔다.

因为不舒服, 所以没去。

인웨이 뿌 슈푸, 쑤어이 메이 취.

Yīnwèi bù shūfu, suǒyǐ méi qù.

더러워서 청소를 했다.

因为脏, 所以打扫了。

인웨이 짱, 쑤어이 따싸오 러.

Yīnwèi zāng, suǒyǐ dǎsǎo le.

돈이 없어서 못 간다.

因为没有钱, 所以不能去。

인웨이 메이요우 치앤, 쑤어이 뿌 넝 취.

Yīnwèi méiyǒu qián, suǒyǐ bù néng qù.

비가 와서 우산을 샀다.

因为下雨,
所以买雨伞了。

인웨이 씨아위, 쑤어이 마이 위싼 러.

Yīnwèi xiàyǔ, suǒyǐ mǎi yǔsǎn le.

차가 막혀서 늦었다.

因为堵车,
所以迟到了。

인웨이 뚜쳐, 쑤어이 치따오 러.

Yīnwèi dǔchē, suǒyǐ chídào le.

여행을 가서 기쁘다.

因为我去旅行,
所以很高兴。

인웨이 워 취 뤼씽, 쑤어이 헌 까오씽.

Yīnwèi wǒ qù lǚxíng, suǒyǐ hěn gāoxìng.

이번 강의에서 배운 패턴과 주어진 단어를 활용하여 우리말을 중국어로 바꿔 써 보세요.

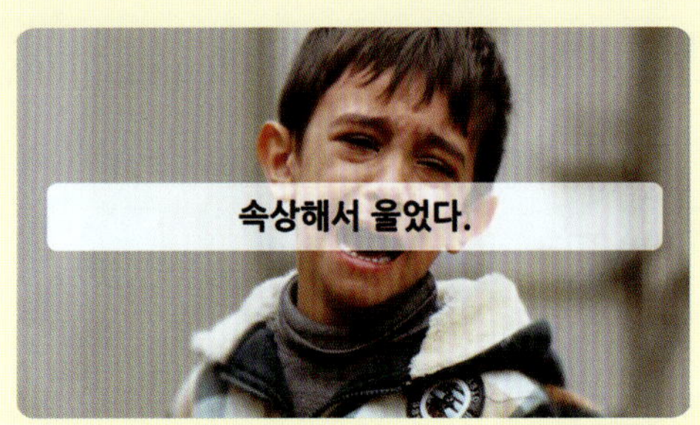

心/痛/哭/了

씬 / 통 / 쿠 / 러

xīn / tòng / kū / le

→ ________________

生气/吵架/了

셩치 / 챠오찌아 / 러

shēngqì / chǎojià / le

→ ________________

吃/得/多/很/胖

칙 / 떠 / 뚜어 / 헌 / 팡

chī / de / duō / hěn / pàng

→ ________________

1강

漂漂亮亮
干干净净
高高兴兴

2강

听听。
休息休息。
介绍介绍。

3강

这个苹果很好吃。
这音乐很好听。
这枝铅笔很好用。

4강

为什么哭?
为什么犹豫?
为什么这么晚?

5강

我觉得他很懒惰。
我觉得她是胆小鬼。
他觉得这个太陈旧。

6강

我希望去旅行。
我希望明年结婚。
我希望她打电话。

7강

听说他搬家了。
听说明天下雨。
听说她家里闹贼了。

8강

从图书馆到家。
从春天到秋天。
从早上九点到晚上六点。

9강

我又惊又喜。
那车又大又快。
这个面包又软又甜。

10강

越想越闹心。
越听越有兴趣。
越来越冷。

11강

现金还是刷卡?
喝酒还是喝咖啡?
走楼梯还是坐电梯?

12강

先复印,然后递送。
先减肥,然后去旅行。
先打扫,然后去散步。

13강

如果我有钱的话,可以买。
如果不可以的话,再商量一下。
如果今天下雪的话,不能见面。

14강

虽然她忙,但是休息。
虽然她很累,但是运动了。
虽然他现在没有钱,但是明天要买。

15강

因为心痛,所以哭了。
因为生气,所以吵架了。
因为吃得多,所以很胖。

1강

빡쎈 상사

회사에서의 일상 대화

완료 표현 & 시간부사

부탁하기

표현을 읽으면서 색깔에 유의하여 한자를 써 보세요.

买了 吃了 听了

买了 吃了 听了

已经做完了

已经做完了

 표현을 읽으면서 색깔에 유의하여 한자를 써 보세요.

还没确认

还没确认

我也是。

我也是。

부탁하기

 표현을 읽으면서 색깔에 유의하여 한자를 써 보세요.

确认一下。

确认一下。

复印一下。

复印一下。

 표현을 읽으면서 색깔에 유의하여 한자를 써 보세요.

烦死了。

烦死了。

累死了。

累死了。

 표현을 읽으면서 색깔에 유의하여 한자를 써 보세요.

饿死了.

饿死了.

忙死了.

忙死了.

01

没 / 出 / 邮件 / 发 / 了 / 都

?

____

02

已经 / 做 / 我 / 完 / 那个 / 了

!

____

Memo

2강

사랑에 빠지면 예뻐진다던데

신상에 변화가 생긴 친구와의 대화

상황의 변화 표현

비교 표현

상황의 변화 표현

표현을 읽으면서 색깔에 유의하여 한자를 써 보세요.

听说

听说

漂亮了。

漂亮了。

 **표현을 읽으면서 색깔에 유의하여 한자를 써 보세요.**

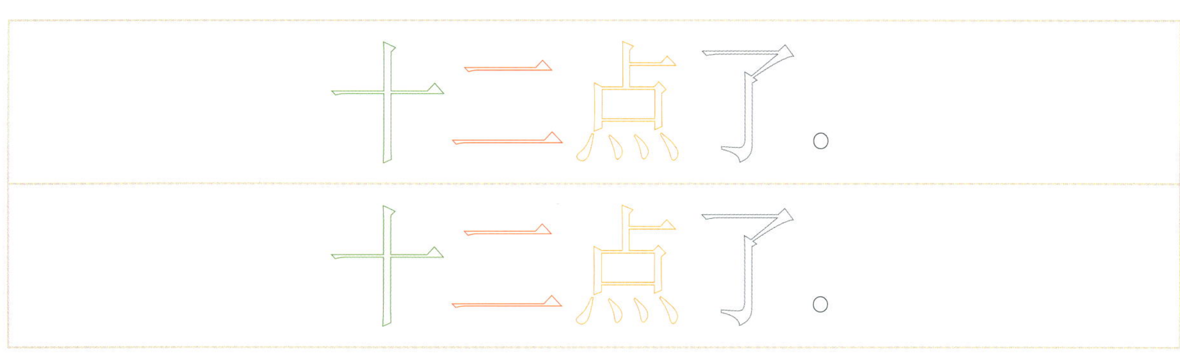

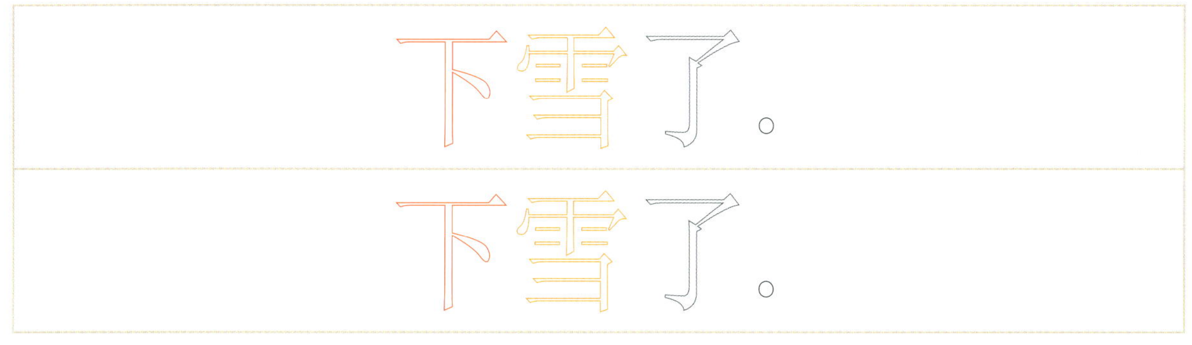

秋天了。

秋天了。

我的天哪！

我的天哪！

비교 표현

 표현을 읽으면서 색깔에 유의하여 한자를 써 보세요.

我比她漂亮。

我比她漂亮。

这个人过分自恋!

这个人过分自恋!

了 / 有 / 男朋友

____。

也 / 我 / 没有 / 那么 / 皮肤 / 好

____。

3강

상하이에서 생긴 일

여행 후기 나누기

경험 표현
의견 표현

경험 표현

 표현을 읽으면서 색깔에 유의하여 한자를 써 보세요.

去过

去过

吃过

吃过

跟谁去了?

跟谁去了?

跟前男友一起去的。

跟前男友一起去的。

咱俩谁跟谁呀！

咱俩谁跟谁呀！

3강 의견 표현

 표현을 읽으면서 색깔에 유의하여 한자를 써 보세요.

我觉得上海是非常美丽的城市。

我觉得上海是非常美丽的城市。

01

你 / 过 / 上海 / 去 / 吗

?
____

02

是 / 觉得 / 我 / 上海 / 的 /
非常 / 城市 / 美丽

。
____

Memo

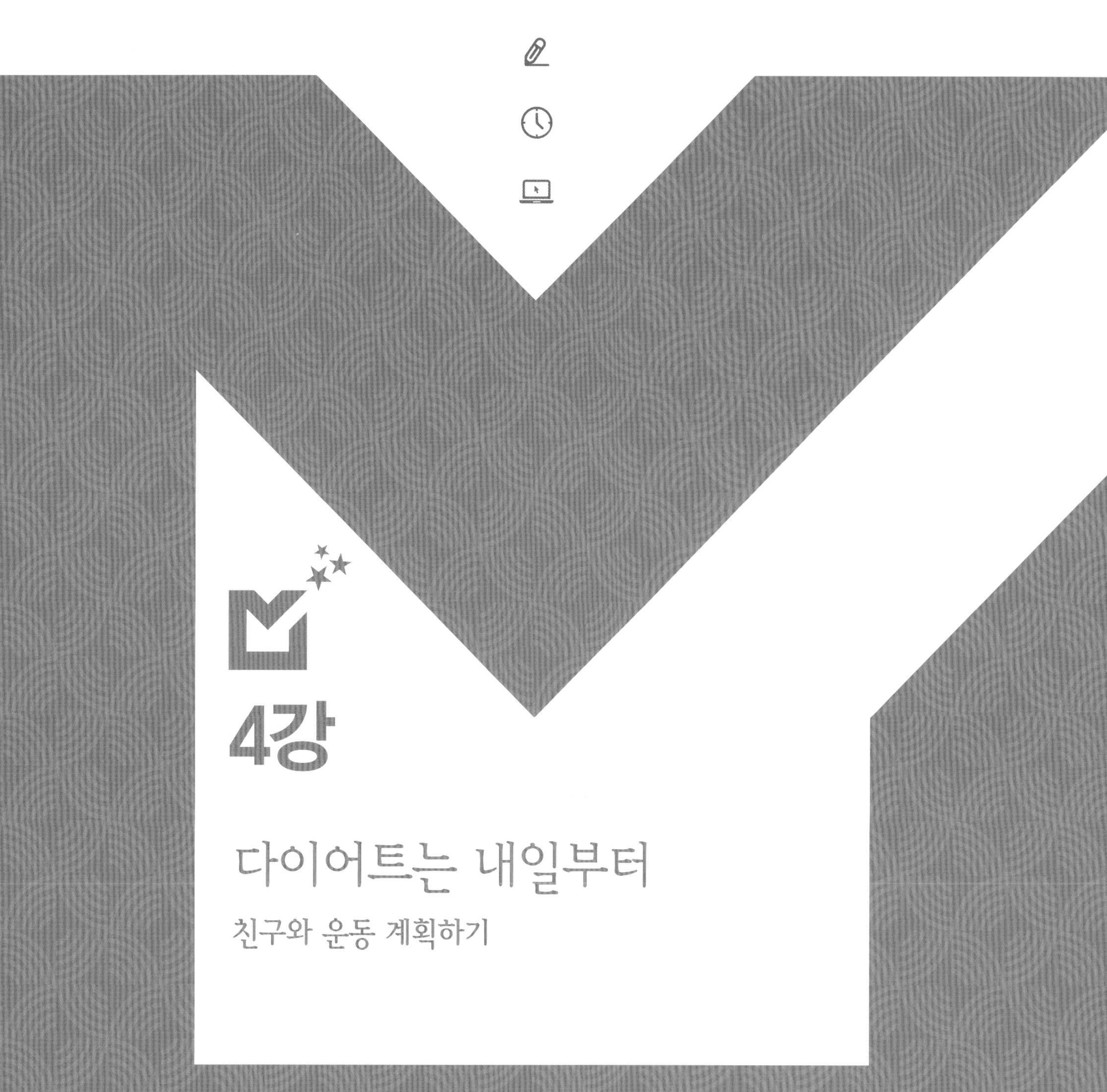

4강

다이어트는 내일부터

친구와 운동 계획하기

점층 표현

당위 표현

점층 표현

 표현을 읽으면서 색깔에 유의하여 한자를 써 보세요.

为什么는
'왜, 어째서'라는 뜻의
의문사로 이유를 물을 때
사용해요.

为什么

为什么

'A할수록 B하다'라고 할 때
越A越B라고 하고
'점점 ~하다'라고 할 때는
越来越~라고 표현해요.

越来越漂亮。

越来越漂亮。

표현을 읽으면서 색깔에 유의하여 한자를 써 보세요.

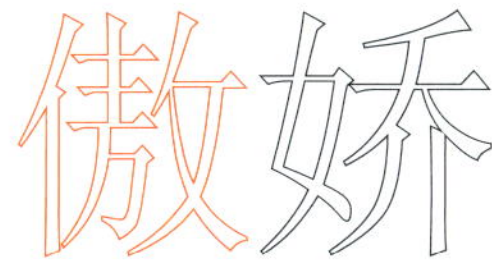

傲娇
傲娇

刀子嘴, 豆腐心
刀子嘴, 豆腐心

부탁하기

 표현을 읽으면서 색깔에 유의하여 한자를 써 보세요.

应该

应该

得

得

 표현을 읽으면서 색깔에 유의하여 한자를 써 보세요.

01

我 / 减肥 / 得

_______________________________________。

02

我 / 为什么 / 看 / 那么 / 呢

_______________________________________?

5강

여친 맞춤형 데이트

연인 사이에 데이트 계획하기

동량보어

시간부사 & 결과보어

동량보어

 표현을 읽으면서 색깔에 유의하여 한자를 써 보세요.

我 去 过 三 次 上 海。

我 去 过 三 次 上 海。

浪漫	恐怖
动作	科幻

시간부사 & 결과보어

📝 표현을 읽으면서 색깔에 유의하여 한자를 써 보세요.

先은 '먼저'라는 뜻으로, 단독으로 쓰이기도 하지만 주로 '그 후에'라는 뜻의 然后와 함께 쓰입니다.

先吃饭, 然后看电影。

先吃饭, 然后看电影。

完은 '마치다'라는 뜻으로 동사 뒤에 놓여 그 동작을 다 했음을 나타냅니다.

吃完

吃完

看完

看完

暧昧关系

暧昧关系

去 / 我 / 买 / 票 / 售票处

______________________________ !

先 / 吃饭 / 我们 / 然后 /
吧 / 去 / 看电影

______________________________ 。

Memo

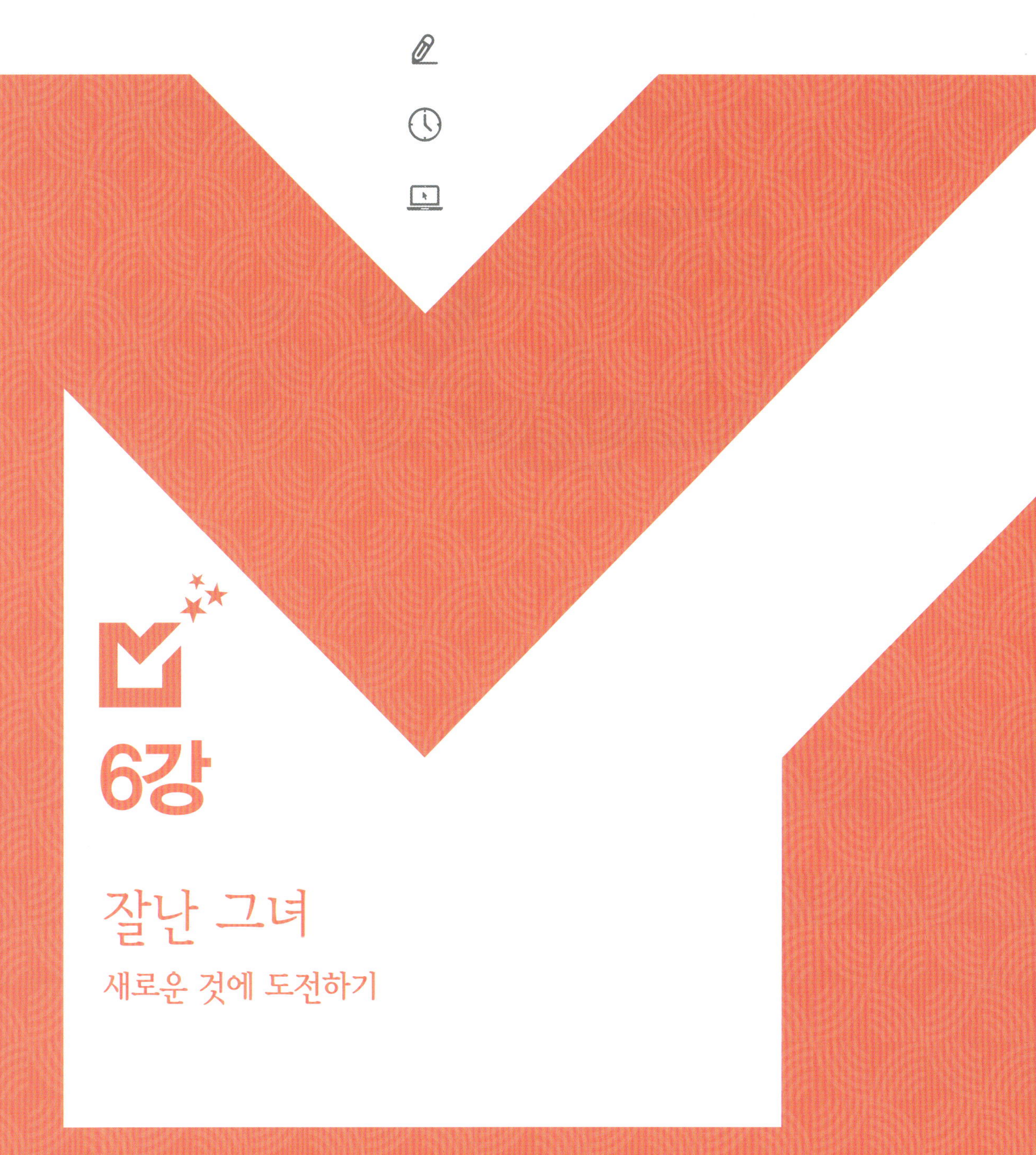

6강

잘난 그녀

새로운 것에 도전하기

정도보어 & 비교 표현
시량보어

정도보어 & 비교 표현

 표현을 읽으면서 색깔에 유의하여 한자를 써 보세요.

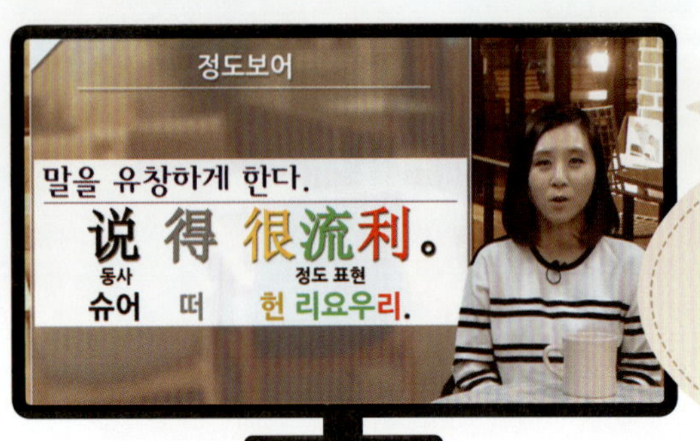

说得很流利。

说得很流利。

唱得很好。

唱得很好。

 표현을 읽으면서 색깔에 유의하여 한자를 써 보세요.

像~一样은
'~처럼, ~과 같다'라는
뜻이에요.

我能像IU一样唱歌。

我能像IU一样唱歌。

노래 장르는 중국어로
다음과 같이 표현해요.

嘻哈

情歌

摇滚乐

 표현을 읽으면서 색깔에 유의하여 한자를 써 보세요.

你英语学了多长时间?

我英语学了一年。

路易威登

路易威登

표현을 읽으면서 색깔에 유의하여 한자를 써 보세요.

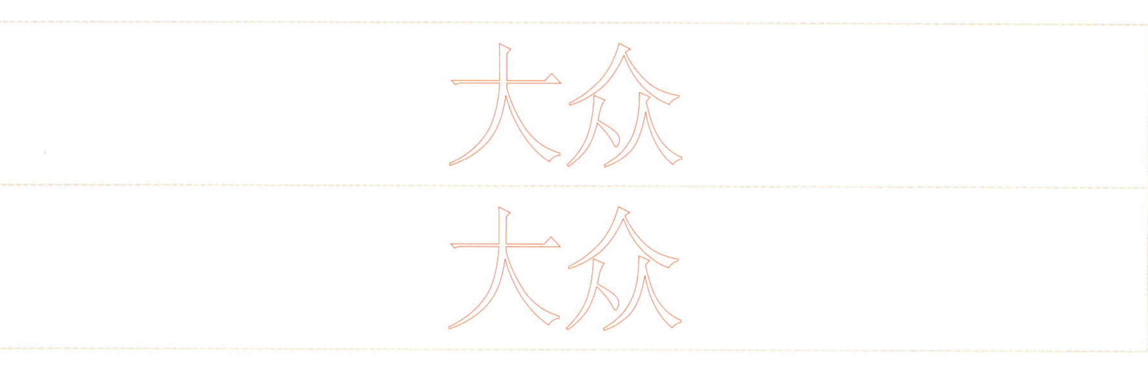

大众

大众

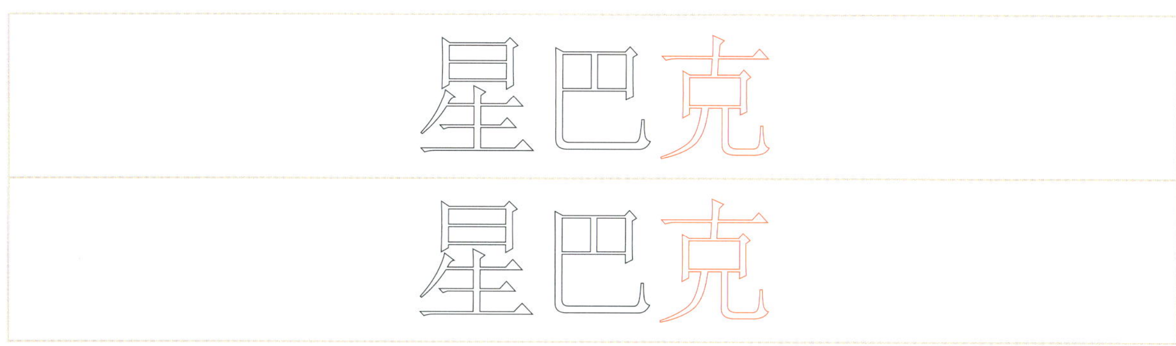

星巴克

星巴克

01

学习 / 如果 / 你 / 从现在 /
开始 / 说得好 / 你 / 肯定会

_______________________________________ 。

02

我 / 你 / 教 / 的话 / 给我 /
能 / 你 / 什么

_______________________________________ ?

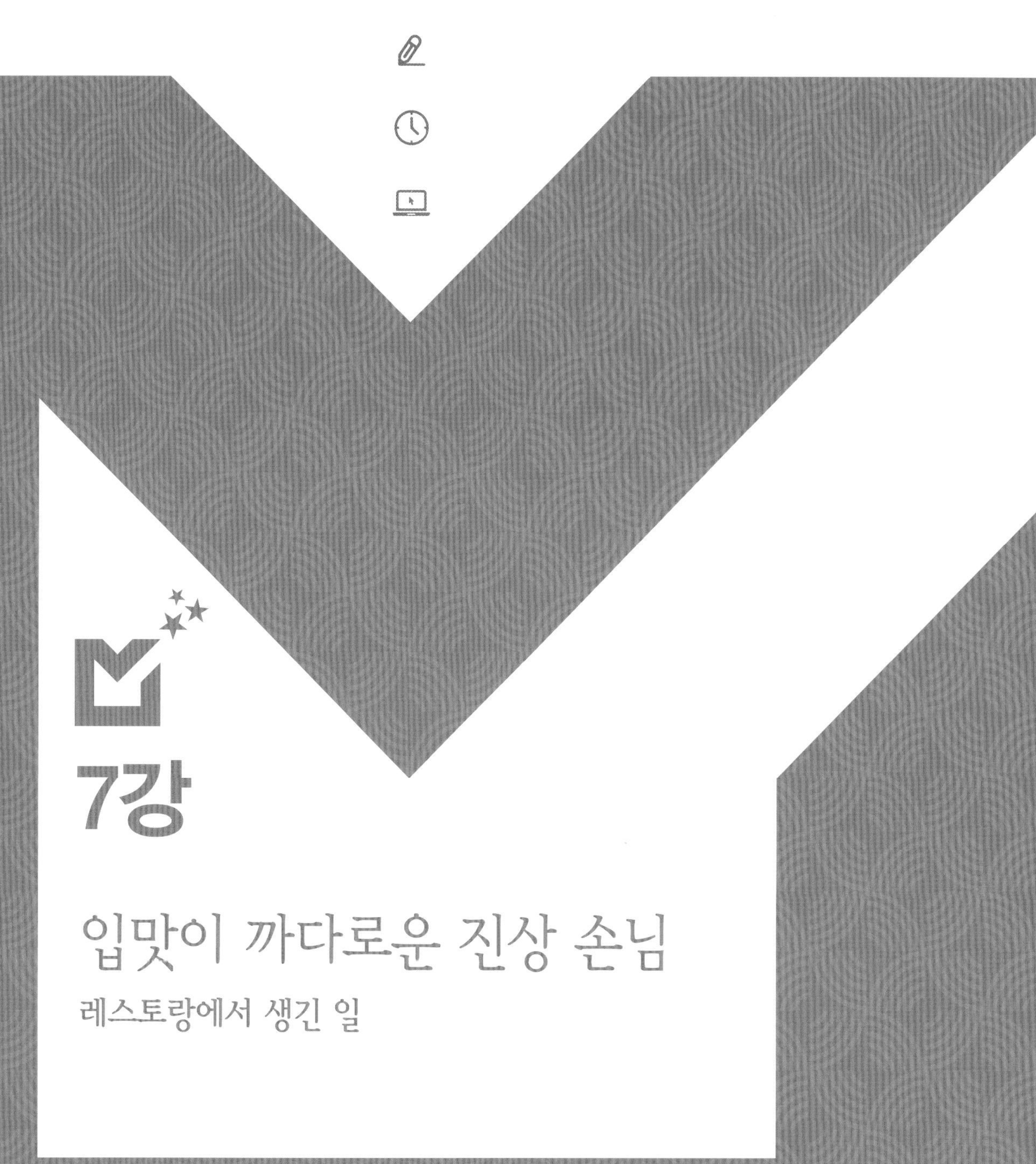

7강

입맛이 까다로운 진상 손님

레스토랑에서 생긴 일

병렬 관계

선택의문문 & 지속 표현

정도보어 & 비교 표현

📝 표현을 읽으면서 색깔에 유의하여 한자를 써 보세요.

这个又咸又辣。

这个又咸又辣。

这个又甜又油腻。

这个又甜又油腻。

 표현을 읽으면서 색깔에 유의하여 한자를 써 보세요.

老师又可爱又漂亮。

老师又可爱又漂亮。

酸牛奶

酸牛奶

苦笑

苦笑

酸甜苦辣

酸甜苦辣

선택의문문 & 지속 표현

 표현을 읽으면서 색깔에 유의하여 한자를 써 보세요.

还是는 '아니면,
또는'이라는 뜻으로,
선택권을 주는 질문을 할 때
사용해요.

还是

还是

着는 ' ~한 채로
지속하다'라는 뜻으로
坐着吃는 '앉은 채로 먹는다',
즉 '앉아서 먹는다'라는
의미예요.

坐着吃

坐着吃

01

你 / 出去 / 还是 / 想 / 安静 /
地 / 呢 / 坐着吃

_______________________ ?

02

又 / 这个 / 甜 / 油腻 / 又

_______________________ ?

8강

그녀는 나의 이상형

이상형 이야기하기

형용사 중첩 표현

접속사

형용사 중첩 표현

 표현을 읽으면서 색깔에 유의하여 한자를 써 보세요.

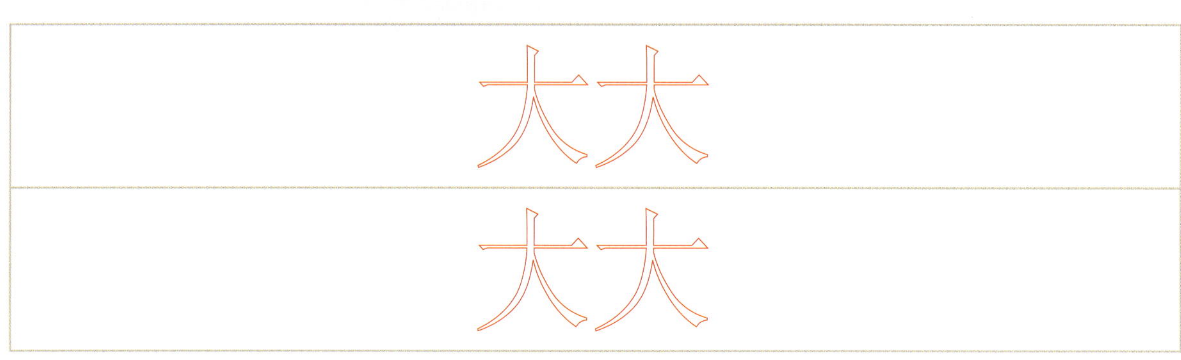

凹凸有致

凹凸有致

8강 접속사

虽然 但是

虽然 但是

관용어구 [어쩔 수 없네]
방법이 없네...
没办法...
메이 빤파...
没는 '없다',
办法는 '방법'이라는 뜻으로
방법이 없다, 즉 어쩔 수 없음을
나타내요.

没办法

没办法

TIP
여심스틸러
撩妹
리아오메이
撩는 '심금을 울리다'는
뜻으로 수많은 여동생들의
심금을 울리는 오빠,
즉, 여심스틸러를
撩妹라고 해요.

撩妹

撩妹

我 / 有点儿 / 虽然 / 瘦 / 会 /
但是 / 今后 / 我 / 努力运动

_______________________________ 。

希望 / 那 / 你 / 那样 / 的 /
找到 / 女友

_______________________________ 。

Memo

9강

명품백이 뭐길래

약속시간에 늦은 남자의 대처 방법

가정 표현
인과 관계 표현

가정 표현

 표현을 읽으면서 색깔에 유의하여 한자를 써 보세요.

如果는 '만약', 的话는 '~하다면'이라는 뜻으로 호응하여 많이 사용하지만 如果를 생략해도 가정의 뜻을 나타내요.

如果A的话B

如果A的话B

드라마 〈태양의 후예〉 속 대사로 的话를 사용해서 가정의 뜻을 나타내고 있어요.

医生的话，没有男朋友吧。
因为太忙。

표현을 읽으면서 색깔에 유의하여 한자를 써 보세요.

军人的话는 '군인이라면'이라는 뜻으로 가정 표현이에요.

军人的话，没有女朋友吧。
因为太苦。

9강 인과 관계 표현

 표현을 읽으면서 색깔에 유의하여 한자를 써 보세요.

因为는 '왜냐하면', 所以는 '그래서'라는 뜻으로 호응하여 인과 관계를 나타내요.

因为我给你去买礼物了，
所以有点儿晚了。

 표현을 읽으면서 색깔에 유의하여 한자를 써 보세요.

七夕节

七夕节

情人节

情人节

01

给你 / 因为我 / 去 / 买礼物 / 了 / 所以 / 晚 / 了 / 有点儿

_______________________________________。

02

的话 / 下次 / 你 / 再 / 不等你 / 我 / 直接回家 / 迟到

_______________________________________。

Memo

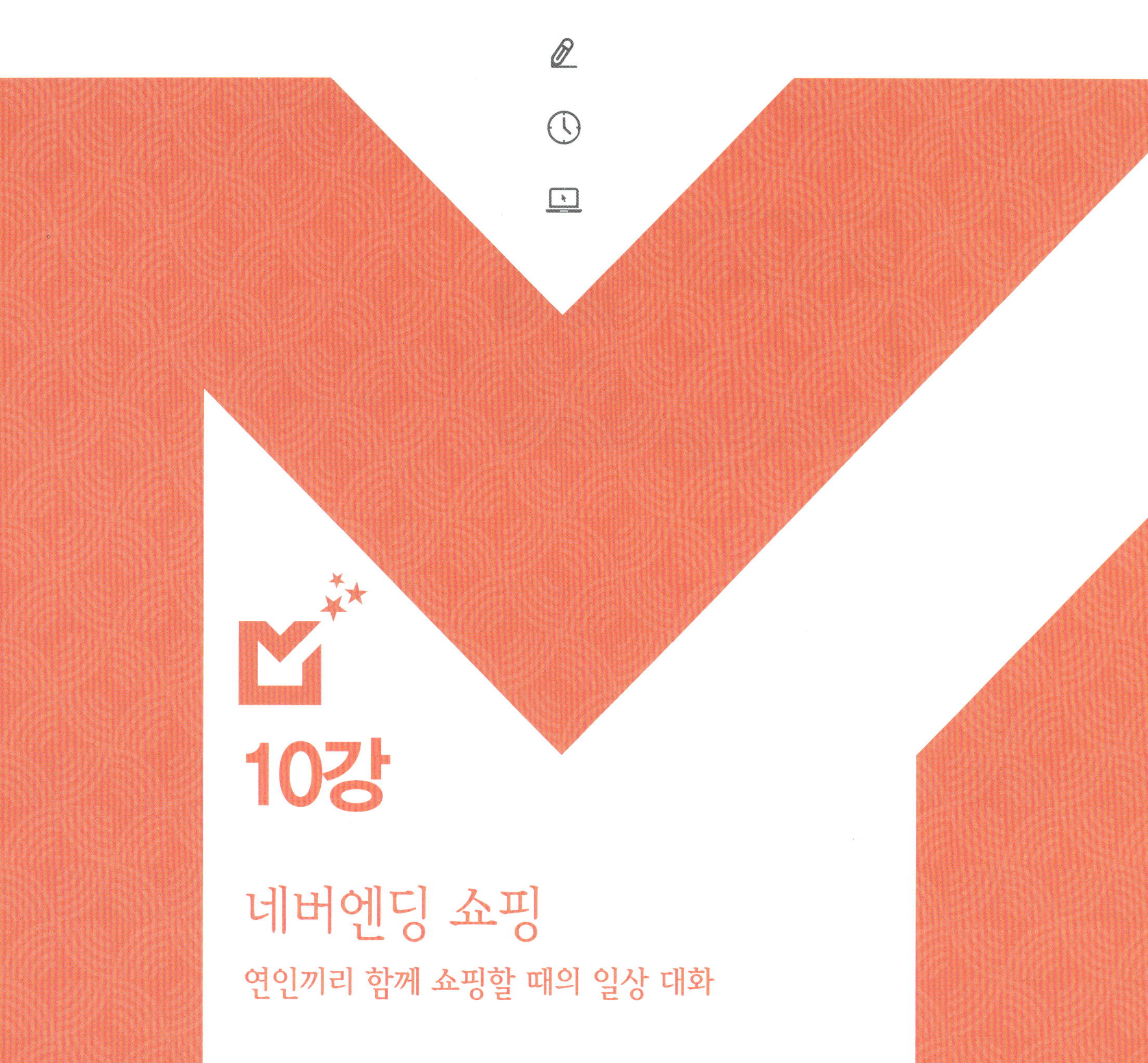

10강

네버엔딩 쇼핑

연인끼리 함께 쇼핑할 때의 일상 대화

선택의문문

형용사 & 부사

 표현을 읽으면서 색깔에 유의하여 한자를 써 보세요.

A 还是 B

A 还是 B

红色好看还是白色好看?

红色好看还是白色好看?

 표현을 읽으면서 색깔에 유의하여 한자를 써 보세요.

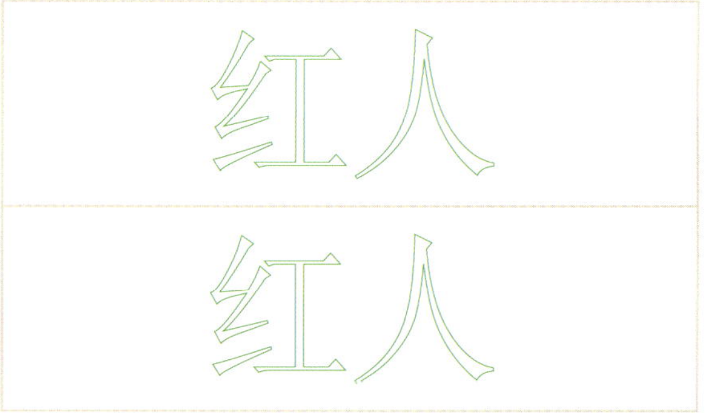

 표현을 읽으면서 색깔에 유의하여 한자를 써 보세요.

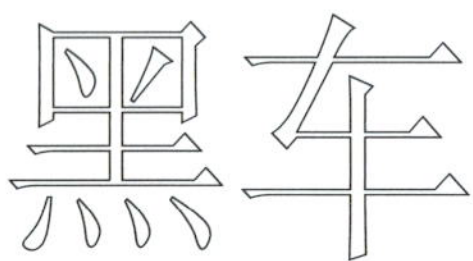

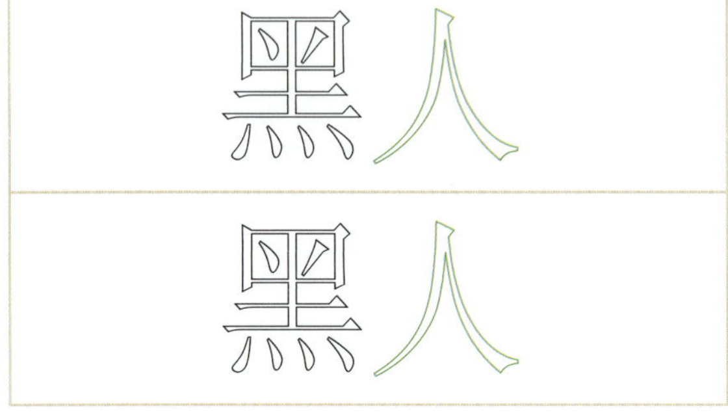

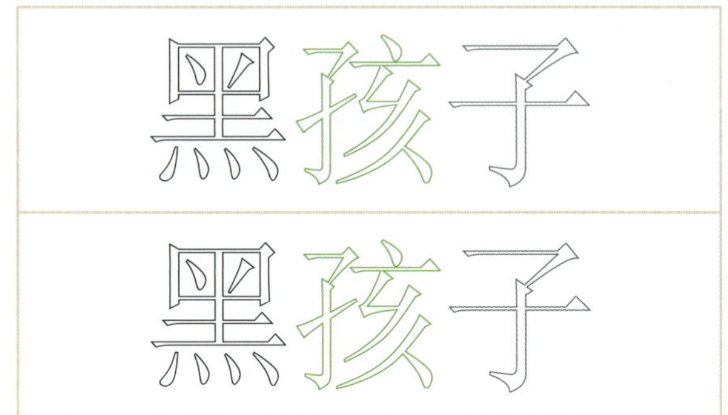

형용사 & 부사

 표현을 읽으면서 색깔에 유의하여 한자를 써 보세요.

幸好는 '다행히, 운 좋게'라는 뜻의 부사이고, 幸福는 '행복하다'라는 뜻의 형용사예요.

幸好有你, 我很幸福。

幸好有你, 我很幸福。

糟糕는 '젠장, 망했다'라는 뜻이에요.

糟糕!

糟糕!

표현을 읽으면서 색깔에 유의하여 한자를 써 보세요.

관용어구 [망했다!]
젠장! 망했다!
糟糕!
짜오까오!
真倒霉!
쩐 따오메이!
真倒霉는
'정말 재수 없네'라는 뜻으로,
糟糕와 비슷한 표현으로
많이 쓰여요.

真倒霉!

真倒霉!

TIP
중국인들이 좋아하는 숫자
8
빠
发财
재산을 모으다
파차이
중국인들은
'재산을 모으다'라는 뜻을
가진 发财의 发와 발음이
비슷해서 숫자 8을
좋아해요.

发财

发财

01

送给你 / 能 / 这份礼物 / 很 /
也 / 我 / 幸福

_____________________________ 。

02

黑色 / 也 / 不错 / 看上去

_____________________________ 。

Memo